FACULTÉ DE DROIT DE DIJON

DES DROITS

DU

VENDEUR D'IMMEUBLES NON PAYÉ

EN DROIT ROMAIN ET EN DROIT FRANÇAIS

THÈSE POUR LE DOCTORAT

Soutenue le 24 décembre 1880

Par M. ARNAUD

AVOCAT A LA COUR D'APPEL

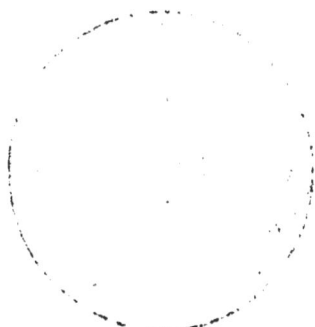

DIJON

IMPRIMERIE ET LITHOGRAPHIE DE F. CARRÉ

Rue Amiral-Roussin, 40

DES DROITS

DU

VENDEUR D'IMMEUBLES NON PAYÉ

EN DROIT ROMAIN ET EN DROIT FRANÇAIS

THÈSE POUR LE DOCTORAT

Soutenue le 24 décembre 1880

Par M. ARNAUD

AVOCAT A LA COUR D'APPEL

SOUS LA PRÉSIDENCE DE M. VILLEQUEZ

Chevalier de la Legion d'honneur

PROFESSEUR, REMPLISSANT LES FONCTIONS DE DOYEN

SUFFRAGANTS : { MM. DUVERDIER DE SUZE, PROFESSEUR.
BONNEVILLE,
BAILLY, AGRÉGÉS.
MILLET,

DIJON

IMPRIMERIE ET LITHOGRAPHIE DE F. CARRE

Rue Amiral-Roussin, 40

MEIS

—

MAGISTRIS

—

AMICIS

INTRODUCTION

———

1. — Le législateur de toutes les époques s'est préoccupé d'entourer de garanties sérieuses la situation du vendeur non payé. Le droit romain est entré le premier dans cette voie ; notre ancien droit a suivi ses traces ; et la législation moderne, profitant des remarquables travaux de ses devanciers, a organisé sur ce point un système très efficace et éminemment protecteur pour le vendeur.

2. — On peut donner de cette sollicitude du législateur deux motifs : l'un tiré de l'ordre économique, l'autre provenant de considérations d'équité.

En premier lieu, la vente est de tous les contrats le plus usité et le plus nécessaire ; c'est elle qui, sous des aspects divers, est la base du négoce, l'origine et le but des relations commerciales qui, s'élargissant et se multipliant chaque jour, font la vie, la richesse et la prospérité des sociétés ; l'intérêt général exige donc que la loi civile encourage un contrat d'une importance aussi capitale en en assurant l'exécution fidèle, et surtout en donnant au vendeur qui se dépouille de sa chose la certitude d'en obtenir le prix.

En second lieu, si pour obtenir le paiement du

A. 1.

prix, le vendeur n'avait comme ressource que les voies ordinaires de recours contre son débiteur, il serait fréquemment exposé à subir les conséquences de son insolvabilité; il perdrait ainsi une partie ou la presque totalité de sa créance, après avoir enrichi l'acheteur de toute la valeur de sa chose. Ce résultat serait inique.

3. — On comprend par conséquent que des garanties spéciales aient été de tout temps accordées au vendeur d'immeubles non payé.

Ce sont ces garanties que nous nous proposons d'étudier aux différentes époques de la législation.

ERRATA

Page 17, ligne 25, au lieu de loi 2, lisez loi 21, pr. D. (XX-4).

Page 18, n° 23, au lieu de *lonage*, lisez *contrat de louage*.

Page 57, n° 68, au lieu de 1850, lisez 1580.

Page 116, n° 127, au lieu de art. 1-4°, lisez art. 2-4°.

DROIT ROMAIN

—

DES DROITS

DU

VENDEUR D'IMMEUBLES NON PAYÉ

———

4. — Les garanties dont jouit le vendeur d'immeubles non payé sont de deux sortes, *légales* ou *convention-nelles*, selon qu'elles ont été établies directement par le législateur ou qu'elles résultent d'une convention particulière des parties.

5. — Parmi les garanties légales, nous trouvons :

1° Le droit de rétention, *jus retentionis*, quand la chose n'a pas encore été livrée ;

2° Le droit de revendication, *jus vindicationis*, quand il y a eu tradition.

6. — Les conventions les plus fréquentes dont les textes nous donnent des exemples, tendant à garantir les droits du vendeur, sont :

1° Le pacte par lequel le vendeur conserve un droit d'hypothèque sur la chose vendue, *pactum hypothecæ* ;

2º Les pactes par lesquels il conserve la propriété de la chose, *pactum reservati dominii* ;

3º Le pacte commissoire, *lex commissoria*, qui donne au vendeur le droit de résoudre la vente en cas de non-paiement.

7. — Nous diviserons la matière en deux chapitres. Dans le premier, nous étudierons les garanties légales, et dans le second, les garanties conventionnelles du vendeur non payé..

CHAPITRE PREMIER

Des garanties légales

8. — Ces garanties sont au nombre de deux : *le droit de rétention* et *le droit de revendication*.

9. — *Du droit de rétention* (1). — On entend par droit de rétention le droit en vertu duquel une personne qui est en possession d'une chose appartenant à autrui, et qui devient créancière du véritable propriétaire à l'occasion de cette chose, peut s'opposer à la restitution de cet objet jusqu'à ce qu'elle ait été indemnisée. Telle est l'idée générale que l'on peut donner du droit de rétention.

Comme il est facile de le voir, ce droit a pour base et pour fondement l'équité ; il est le résultat d'une réac-

(1) Sources : LL. 13, § 8, D., XIX-1; 31, § 8, XXI-1; 57, pr., *ibid.*; 8, C., IV-49.

tion contre les principes rigoureux du droit civil, et
c'est pourquoi les jurisconsultes nous le montrent tantôt comme moyen de simplifier le règlement des droits
respectifs des parties, ce qui a lieu dans le commodat
(L. 59, D., XLVII, 2), tantôt comme seule ressource
accordée à une personne qui n'a pas d'action pour se
faire indemniser de ses impenses, ce qui a lieu pour
le possesseur de bonne foi d'un fonds ayant fait des
améliorations (L. 48, D.,VI, 1).

10. — Etant donnés la nature et le fondement du
droit de rétention en général, on conçoit que les
jurisconsultes l'aient admis au profit du vendeur
d'immeubles non payé. En effet, l'équité exige que
le vendeur, qui se dépouille de sa chose, ne soit pas
exposé à en perdre le prix, sans quoi l'acheteur s'en-
richirait à ses dépens. En outre, dans la vente les
parties sont tenues d'obligations réciproques et corrélatives, et l'une ne peut être forcée de remplir ses engagements tant que l'autre ne remplit pas les siens. Dès
lors, le droit de rétention doit exister au profit du
vendeur non payé pour un double motif : en premier
lieu, parce que cette solution est conforme à l'équité ;
en second lieu, parce qu'elle est conforme à la nature
même du contrat.

11. — Examinons maintenant les conditions d'exercice et le fonctionnement du droit de rétention.

La première condition est la possession de la chose
sujette à rétention. Or le vendeur, avant d'avoir fait
tradition, possède la chose réclamée ; donc il est logique
qu'il ait la rétention. Mais si le vendeur fait tradition
de la chose, s'il en abandonne la possession, son droit
de rétention disparaît.

La seconde condition est l'existence d'une créance actuellement exigible. Or le vendeur a contre l'acheteur une créance actuellement exigible, puisque l'obligation de payer le prix prend naissance dès l'instant de la vente, en même temps que celle du vendeur de faire livraison, pourvu que la vente soit pure et simple. Cette condition est donc réalisée. En outre, de même que le vendeur doit livrer la totalité de la chose, de même l'acheteur doit payer l'intégralité du prix, sans quoi le vendeur jouit du droit de rétention sur la chose entière pour la fraction la plus minime du prix qui est encore due. C'est ce que l'on exprime en disant que le droit de rétention est *indivisible* (L. 31, § 8, D., XXI, 1).

Enfin, en troisième lieu, il doit y avoir une certaine connexité entre la créance et la chose retenue. Or il est évident que ce rapport existe dans la vente; car, ce n'est qu'à cause de la chose que la créance est née; le prix ne serait pas dû si l'immeuble n'avait pas été vendu, il y a *debitum cum re junctum*, selon l'expression des anciens commentateurs.

12. — En ce qui concerne la manière dont le vendeur fera valoir son droit de rétention, elle est très simple. En principe, ce droit ne peut s'exercer qu'au moyen de l'exception *doli mali*; il y a dol, en effet, de la part de l'acheteur d'un immeuble à en demander la tradition sans en payer le prix, quand la somme est exigible. Mais il n'est pas nécessaire que le vendeur actionné en délivrance fasse insérer par le préteur dans la formule l'exception de dol; car l'action *empti*, par laquelle l'acheteur le poursuit, est une action de bonne foi, c'est-à-dire une action dans laquelle le juge jouit des pouvoirs les plus larges, et tient compte, pour

fixer le montant de la condamnation, des prestations que l'équité peut imposer à l'une ou à l'autre des parties.

13. — *De la revendication* (1). — L'action en revendication appartient en principe à toute personne propriétaire d'une chose corporelle contre le détenteur sans droit de cette chose.

14. — Il suffit d'énoncer ce principe pour que, à première vue, il semble impossible que le vendeur d'immeubles non payé, qui a fait tradition, puisse exercer contre son acheteur l'action en revendication. En effet, la remise de la possession consécutive à la vente doit opérer le transport de la propriété, car le vendeur veut aliéner et l'acheteur veut acquérir la chose. Par conséquent', à ne s'attacher qu'à ce point de vue, le vendeur ne devrait pas avoir la revendication puisque, semble-t-il, il a perdu la propriété. Cependant les textes sont formels pour la lui concéder, il ne saurait y avoir aucun doute à cet égard; nous devons donc tout d'abord expliquer cette dérogation aux principes généraux. Rappelons ces principes pour bien montrer en quoi on s'en est écarté.

15. — On sait que de tout temps, à Rome, les conventions, même revêtues des formes juridiques pour que la volonté produisît effet, ont engendré seulement des obligations personnelles; elles ont toujours été impuissantes à opérer par ·elles-mêmes le transport de la propriété d'une chose : « *Tradilionibus... dominia rerum, non nudis pactis transferuntur* » (L. 20, C., *De pactis*). Pour arriver à déplacer la propriété, il fallait

---

(1) Voyez Instit., § 41, *De divisione rerum.* — LL. 19 et 53, D., XVIII-1; 3, C , IV-54.

quelque chose de plus, la tradition ou remise de la possession.

Si l'on avait appliqué ces principes à la vente, on serait arrivé au résultat dont je parlais tout à l'heure, c'est-à-dire que la tradition aurait opéré le transport de la propriété au profit de l'acheteur avant même qu'il eût payé le prix. Mais les jurisconsultes romains n'ont pas admis cette solution. Ils ont interprété d'une façon toute différente la volonté du vendeur, et décidé que la tradition n'opérerait translation de la propriété que si le prix était payé, de telle sorte que, jusque-là, l'aliénation reste suspendue par cette condition tacite : *si le prix est payé.*

Cette disposition a une origine fort ancienne; elle remonte, au dire de Justinien, à la loi des Douze Tables (§ 41, *sup. cit.*). Quoi qu'il en soit de son antiquité, il faut reconnaître qu'elle est parfaitement fondée au point de vue rationnel. En effet, si le vendeur s'est obligé à transférer ses droits sur la chose, c'est seulement en vue et à cause du prix qu'il comptait recevoir. Dès lors il est naturel de lui supposer, en cas de dessaisissement anticipé, l'intention de rester propriétaire aussi longtemps qu'il restera créancier, c'est-à-dire, en dernière analyse, de se soustraire par l'action en revendication à l'insolvabilité de l'acheteur. L'exercice de cette action lui permet d'obtenir ce résultat. En effet, en démontrant l'existence de son droit de propriété, il recouvre l'immeuble qu'il a vendu, et avec lui les fruits que l'acheteur a perçus ou pu percevoir depuis son entrée en jouissance.

16. — *Des cas dans lesquels le droit de rétention et le droit de revendication cessent d'exister.* — Ainsi que

nous l'avons vu, le droit de rétention et le droit de
revendication du vendeur non payé, sont fondés sur
l'interprétation de la volonté des parties. Dès lors, il est
naturel que les jurisconsultes romains dénient chacun
de ces droits en présence d'une volonté contraire. Or, à
ce point de vue, les textes tiennent pour équipollentes
au paiement réel et intégral du prix les circonstances
suivantes : 1° Le vendeur s'est fait donner une satis-
faction, c'est-à-dire une sûreté réelle ou personnelle,
spéciale, non inhérente à la simple qualité de créancier du prix; ainsi il a reçu un gage qui garantit le
paiement du prix, ou bien encore, ce qui dénote plus
clairement son intention, il a accepté un nouveau
débiteur *expromissor*, qui s'est engagé à la place de
l'acheteur. Dans ces hypothèses rapportées au § 41 ou
dans la loi 53, *sup.*, il est certain que le vendeur a
préféré des garanties spéciales à l'action en revendication ou au droit de rétention que le législateur lui
donne ; dès lors, il est censé avoir renoncé à ces droits.

2° Le vendeur n'a envisagé que le crédit de l'acheteur, il a eu pleine confiance dans sa solvabilité; en
d'autres termes, il a consenti à n'avoir d'autres garanties
que l'action personnelle *ex empto* née du contrat; ainsi
il lui a accordé un terme fixe ou indéterminé pour le
paiement (L. 3, C., *sup. cit.*); dès lors, il a perdu par
cela même son droit de rétention et de revendication.

CHAPITRE II

Des garanties conventionnelles

17. — La législation romaine telle que nous venons de l'exposer présentait des lacunes; elle ne garantissait pas d'une manière assez efficace les droits du vendeur d'immeubles non payé. Un exposé rapide va nous en convaincre.

Au cas de vente au comptant, le vendeur jouissait du droit de rétention et de revendication. Il lui suffisait de ne livrer l'immeuble qu'au moment où le prix était payé pour qu'il fût à couvert; s'il renonçait à son droit de rétention, il conservait toujours l'action en revendication qui était pour lui une arme suffisante, quand il était propriétaire. Nous verrons que quand il ne l'était pas, les conventions de bail et de précaire le protégeaient complètement (n° 22). Mais il est évident que les ventes au comptant sont les moins fréquentes en matière immobilière, et que le plus souvent, la vente a lieu à terme. C'est dans cette hypothèse que la protection légale faisait défaut au vendeur; en effet, il ne conservait plus que l'action personnelle *ex empto* née du contrat pour obtenir le paiement du prix. Mais cette action l'exposait à toutes les chances d'insolvabilité de son acheteur, il courait fréquemment le danger de perdre et sa chose et le prix, ou de n'obtenir, par suite du concours des autres créanciers de l'acheteur, qu'un dividende dérisoire. De là l'usage d'introduire dans la vente à terme, accessoirement au contrat, diverses clauses que nous allons étudier. Toutes elles sont inspirées par cette idée : soustraire le vendeur aux chances d'insolvabilité de l'acheteur.

18. — Nous diviserons l'étude de ces garanties conventionnelles en trois sections :

I. — Du pacte d'hypothèque.

II. — Des pactes par lesquels le vendeur se réserve la propriété.

III. — Du pacte commissoire. — Cette dernière section est de beaucoup la plus importante et la plus intéressante en raison des difficultés qu'elle présente.

SECTION PREMIÈRE

Du pacte d'hypothèque (1)

19. — L'hypothèque est un droit réel sur un bien affecté à l'acquittement d'une obligation. Comme son nom l'indique, elle est née en Grèce, et nous ne la voyons pleinement fonctionner à Rome et en Italie que vers le II* siècle de notre ère, à une époque de civilisation juridique très avancée. La première application signalée par les textes est due au préteur Servius, qui permit au fermier d'une exploitation rurale d'affecter à la sûreté de son prix de ferme, et cela sans se dessaisir; les meubles, bestiaux et ustensiles aratoires qu'il apportait sur le fonds (§ 7, Inst., *De actionibus*). On voulait ainsi favoriser les exploitations rurales.

(1) Sources : L. 1, § 4, et L. 2, D., XXVII-9.

Plus tard, on alla même plus loin, et du temps de Gaïus, nous voyons admis que désormais pour toute obligation, et quelle que soit la chose affectée, l'hypothèque peut naître d'une simple convention (L. 4, D., XX, 1). Dès lors il est loisible au vendeur d'immeubles d'obtenir de son acheteur une concession d'hypothèque sur le bien vendu.

20. — En règle générale, pour qu'une hypothèque puisse être constituée sur un bien, on exige, outre les conditions nécessaires à la validité de toute convention : 1° qu'il y ait une dette, car l'hypothèque n'est qu'un droit accessoire ; 2° que la chose hypothéquée puisse faire l'objet d'une vente, car le droit de préférence ne s'exerce que sur le prix ; 3° enfin que le constituant soit propriétaire et capable d'aliéner, car l'hypothèque est une aliénation partielle et un acheminement à une aliénation complète. Or il est facile de se convaincre que ces diverses conditions existent dans la vente d'immeubles quand le vendeur non payé fait un pacte d'hypothèque. En effet, en premier lieu, nous trouvons une dette, la dette du prix qui sert de base à la constitution d'hypothèque ; en second lieu, les immeubles *in commercio* peuvent évidemment faire l'objet d'une vente ; et enfin, le constituant qui par la tradition devient propriétaire de l'immeuble et qui peut aliéner, car nous supposons, bien entendu, que les parties sont capables et maîtresses de leurs droits, a le pouvoir d'aliéner une partie ou même la totalité de l'immeuble.

21. — La constitution d'hypothèque valablement faite, il nous reste à montrer quels sont les avantages que cette convention confère au vendeur d'immeubles non payé. Ces droits sont les suivants : 1° Le droit de

préférence par lequel le créancier, échappant à la loi du concours, se paie sur le prix de la chose hypothéquée avant tous autres créanciers et comme s'il était seul. Ce droit, le vendeur d'immeubles l'exerce contre les créanciers chirographaires de son acheteur représentés par celui-ci, et cela de la manière la plus simple : la chose une fois vendue, le créancier en touche le prix qu'il garde s'il n'est pas supérieur à sa créance ; si le prix dépasse cette somme, il restitue l'excédant au débiteur ou lui cède ses actions pour lui permettre de le toucher lui-même (L. 24, § 2, D., XIII, 7). — Quand le vendeur d'immeubles se trouve en présence de créanciers ayant hypothèque spéciale sur le même bien que lui, on suit la règle *prior tempore, potior jure* (LL. 2 et 4, C., VIII, 18), et comme nécessairement le vendeur a une hypothèque antérieure à celle de ces créanciers, puisque la sienne grève le bien au moment même où il entre dans le patrimoine de l'acheteur, sans que jusquelà ce dernier puisse valablement l'affecter à d'autres personnes, le vendeur créancier hypothécaire les prime et se paie avant eux sur le montant du prix de vente. Il en serait autrement si le vendeur se trouvait en présence d'un créancier à hypothèque générale antérieur à lui. Celui-ci le primerait sur le prix de l'immeuble vendu (L. 2, D., XX, 4). — 2° Le vendeur jouit du droit de suite, ou droit de méconnaître toute aliénation postérieure à l'établissement de son hypothèque, et de se faire délaisser la chose soit par le débiteur, soit par tout autre détenteur. — 3° Il jouit aussi du droit de vendre individuellement la chose grevée. Par ce moyen le vendeur non payé échappe aux lenteurs et aux frais de la vente en bloc.

L'exposé des avantages particuliers que la clause d'hypothèque, insérée dans la vente à terme, confère au vendeur non payé est la justification complète de cet usage.

SECTION II

SECTION II

Des pactes par lesquels le vendeur se réserve la propriété

22. — Les textes nous présentent ces conventions comme intervenant sous deux formes différentes. Les parties peuvent ajouter à la vente à terme d'un immeuble un contrat *de bail* ou une convention *de précaire*. Dans ces cas, quoiqu'il n'y ait pas une réserve expresse de la propriété de l'immeuble au profit du vendeur, il n'en résulte pas moins que la remise de la possession de la chose n'aura pas pour effet de transférer à l'acheteur la propriété, car les parties n'ont pas voulu que cet effet se produisît. Ces conventions interviennent aussi dans les ventes au comptant. Elles permettent alors au vendeur d'obtenir la restitution de la chose en démontrant simplement l'existence du bail ou du précaire, sans qu'il soit forcé d'administrer la preuve souvent fort délicate de son droit de propriété.

Voyons les conséquences produites par l'adjonction à la vente de l'une ou l'autre de ces conventions.

23. — *Contrat de louage.* — Le cas est prévu par la loi 20, § 2, XIX, 2. Le principe qui domine les rapports des parties entre lesquelles il existe un contrat de louage de choses est le suivant : les obligations naissant de ce contrat à la charge du bailleur ou du pre-

neur sont dans un perpétuel état de dépendance réciproque ; elles sont corrélatives, en ce sens que si l'une
des parties n'accomplit pas ses obligations, l'autre n'est
pas tenue de remplir les siennes ; c'est ce principe que
nous devons appliquer pour déterminer les conséquences résultant de l'adjonction à la vente d'un contrat
accessoire qui en modifie les effets.

Le bailleur doit avant tout procurer au preneur la
jouissance de la chose pendant toute la durée du bail,
præstare frui licere ; dans notre espèce, cette obligation
est imposée au bailleur jusqu'à l'époque où le paiement
du prix de vente doit avoir lieu. Cette obligation principale lui impose, comme obligations accessoires, de
livrer l'immeuble, de l'entretenir en bon état, d'en
garantir les vices qui troubleraient la jouissance du
preneur, de le garantir de toute éviction. Mais la tradition qu'il fait ne transfère ni droit réel, ni possession,
elle n'a simplement pour but que de rendre la jouissance possible ; il continue donc de posséder, et c'est
à son profit que l'usucapion s'accomplit, le cas échéant
(L. 6, § 2, XLIII, 26).

Le preneur, de son côté, doit payer la *merces* ou prix
du bail jusqu'à la fin de sa durée. Habituellement elle
est exigible à des époques périodiques, par exemple
tous les ans. Cependant il n'est tenu de cette obligation
qu'autant que sa jouissance a été complète : d'où si, par
suite de circonstances accidentelles et imprévues la
récolte du fonds vient à manquer et que les récoltes
subséquentes soient insuffisantes pour l'indemniser, le
bailleur ne peut exiger le paiement de la *pensio* (L. 15,
§§ 2 à 7). A côté de cette obligation principale nous
trouvons des obligations accessoires qui imposent au

preneur le devoir de jouir en bon père de famille et de
ne pas changer la destination de la chose (L. 25, § 3).
Enfin il doit restituer l'immeuble à la fin du bail, quelles
que soient ses prétentions à la propriété de la chose
(L. 25, C., IV, 65). — L'exécution de ces diverses obligations est garantie, au profit du bailleur, par l'action
locati, et l'action *conducti* au profit du preneur.

En un mot, l'adjonction d'un contrat de bail, accessoire à la vente d'un immeuble, permet au vendeur
non-seulement de conserver la propriété de la chose,
mais encore la possession civile conduisant à l'usucapion, s'il n'est pas propriétaire ; elle lui assure le droit
de toucher les intérêts du prix de vente sous forme de
pensio ; et si, à l'époque fixée, le prix capital n'est pas
payé, elle lui permet de se soustraire à l'insolvabilité
de son acheteur en réclamant la chose.

24. — *Convention de précaire.* — La loi 20 (XLIII, 26)
rapporte l'usage de cette convention accessoirement
à la vente.

Si l'on recherche quels avantages l'adjonction de cette
convention procure au vendeur d'un immeuble, on
se convainc facilement que sa situation, au cas de
précaire, est encore plus favorisée qu'au cas d'un bail
accessoire à la vente. Le précaire, en effet, telle fut du
moins la conception primitive, ne constitue pas un contrat, c'est-à-dire qu'il n'engendre ni droits ni obligations véritables entre les parties ; c'est une libéralité
que fait en quelque sorte le vendeur bienveillant à son
acheteur ; il lui remet la possession matérielle du fonds ;
celui-ci en jouit, emploie la chose à tous les usages
auxquels sa nature se prête et bénéficie des fruits.
Mais cette concession est toujours révocable au gré

du concédant, il la retire quand il veut, sans que le précariste puisse prétendre à une indemnité quelconque pour avoir amélioré la chose. A l'origine, on décidait même que le précariste n'était tenu d'aucune obligation ; mais bientôt le préteur donna contre lui l'interdit *de precario* (L. 14) ; et plus tard, les jurisconsultes classiques accordèrent au concédant une action véritable, une *condictio incerti*, d'après Julien (L. 19, § 2), et l'action *præscriptis verbis*, d'après Ulpien (L. 2, § 2). Enfin le caractère de libéralité faite *intuitu personæ* disparaissant de plus en plus, on admit que les héritiers du précariste seraient tenus de l'interdit *de precario* (L. 2, C., VIII, 9).

SECTION III

Du pacte commissoire

25. — La *lex commissoria* est, en règle générale, un pacte en vertu duquel celui des contractants qui n'exécute pas son engagement est déchu des droits que lui aurait assurés le contrat.

Ce pacte, qui pourrait intervenir tant pour le cas où le vendeur manque à son engagement que pour celui où l'acheteur n'exécute pas sa promesse, n'a pourtant été usité en droit romain que pour ce dernier cas, dans le but de mieux assurer au vendeur le paiement du prix. C'est en l'envisageant à ce point de vue que les jurisconsultes classiques en avaient déterminé les conséquences et les effets ; Justinien lui a consacré au Digeste un titre spécial extrait de leurs ouvrages, et, au Code, il a réuni les constitutions impériales sur ce point (D., *De leg. com*., XVIII, 3 ; C., *De pact. int. empl.*, IV, 54).

26. — Le pacte commissoire inséré dans la vente est généralement ainsi conçu : « Si intra certum tempus « pretium solutum non est, fundus inemptus sit. ». Il intervient donc dans une vente à terme et a pour but de donner au vendeur des garanties qui le soustraient à l'insolvabilité de l'acheteur. Il lui permet en effet, si à l'époque fixée le paiement du prix n'a pas eu lieu, d'opter soit pour la résolution du contrat et de réclamer sa chose, soit pour l'exécution de la vente et de réclamer le paiement du prix si l'acheteur est solvable. Le vendeur d'un immeuble avec pacte commissoire se trouve donc maître de la situation, il choisit celle des deux voies qui lui est la plus avantageuse, et en prenant l'une ou l'autre, il peut toujours se soustraire aux conséquences de l'insolvabilité de l'acheteur ; il ne court pas le risque de perdre la chose et le prix.

27. — On peut se demander, en présence des avantages que la *lex commissoria* offre au vendeur non payé, comment il se fait que la législation romaine n'ait pas considéré le droit de résolution comme virtuellement inséré dans la vente au profit du vendeur en cas de non-paiement, surtout quand on voit le droit de résolution exister au profit de la partie au détriment de laquelle il n'y a pas eu d'exécution, dans certains contrats nommés, comme le louage, la société, et dans les contrats innomés. On explique cette différence de la manière suivante :

Dans le louage et la société, les rapports établis entre les parties ont un caractère particulier de permanence et imposent des obligations qui doivent se répéter d'une manière continue. Ainsi dans le louage de choses, le bailleur doit procurer au preneur la jouissance de la chose pendant toute la durée du bail, et le preneur doit payer la *merces* pendant la même durée. Si l'une ou l'autre des obligations n'est exécutée qu'en partie, l'obligation correspondante ne sera due qu'en partie ; de telle sorte qu'elle ne sera pas due du tout, au cas d'inexécution complète. Et dès lors, la partie au détriment de laquelle on n'a pas exécuté peut demander la résolution du contrat, sans que son adversaire puisse s'y opposer ; car il ne saurait faire maintenir un contrat qu'il ne veut pas exécuter (LL. 56, 25, § 2. D., XIX, 2). De même dans la société, si l'un des associés ne remplit pas les engagements dont il s'est chargé pendant le cours de la société, les autres associés peuvent lui dire : « Rompons le contrat, puis« que vous ne l'exécutez pas vous-même. Car chaque « jour nous ne remplissons les obligations nouvelles « que le contrat nous impose qu'en vue de celles que « vous devez remplir. Si vous ne le faites pas, nous ne « pouvons continuer à être tenus envers vous » (LL. 14 et 15, D., XVII, 2). On le voit, ce qui fait la légitimité du droit de résolution dans ces contrats, c'est la permanence, la continuité des obligations des parties. Chaque jour donne naissance à des obligations nouvelles réciqroques ; de telle sorte que si elles sont pas accomplies régulièrement, la convention ne doit plus lier les parties, le contrat doit être résolu.

Au contraire, dans la vente, quand le vendeur a fait tradition de la chose et accordé un terme à l'acheteur pour le paiement du prix, l'obligation de ce dernier est devenue indépendante de celle de son cocontractant.

Elle a dès lors une vie propre, et comme telle, elle est sujette à tous les dangers d'insolvabilité qui affectent une créance purement personnelle. Rigoureusement, il n'y a pas de résolution possible ; car l'acheteur peut dire à son vendeur : « Le contrat vous lie envers moi, « comme il me lie envers vous ; vous avez satisfait à « votre promesse, c'était votre devoir ; si je ne satis- « fais pas à la mienne, c'est que cela m'est impos- « sible. Nous ne pouvons ni l'un ni l'autre nous dépar- « tir d'un contrat qui, à l'origine, s'est formé régu- « lièrement. »

Telle est la raison que l'on peut donner de la différence existant entre la vente, d'une part, et le le louage et la société, d'autre part. Expliquons ce qui concerne les contrats innomés, et pour cela voyons les principes qui les régissent.

Dans les contrats *do ut des,* dont le principal et le plus connu est l'échange, celle des parties qui par sa dation a donné au pacte la *causa obligationis* qui lui manquait et l'a ainsi rendu obligatoire, est autorisée à se prévaloir de l'inexécution pour demander contre l'autre partie la résolution de la convention et exercer une action en répétition. A l'origine, ce procédé fut même le seul employé pour empêcher l'enrichissement injuste de celui qui avait reçu la chose sans exécuter sa promesse. Plus tard, il est vrai, ce moyen fut jugé insuffisant. On voulut sanctionner d'une façon plus efficace le respect dû à la convention, et après des dissidenses nombreuses entre les jurisconsultes et une lutte de trois siècles, les Proculiens firent prévaloir l'usage de l'action *præscriptis verbis,* par laquelle on poursuivait l'exécution de la convention. Dès lors, le *tradens* eut le choix entre deux actions. Il pouvait poursuivre l'exécution du contrat et exiger de son adversaire la prestation de la chose promise. Il pouvait aussi faire résoudre la convention et répéter sa chose par une action personnelle, portant les noms divers de *condictio causa data causa non secuta, condictio ob rem dati, condictio ob causam datorum* (L. 5, § 1er, D., XIX, 5).

Mais ce droit de résolution et l'action en répétition ne furent jamais accordés au vendeur non payé. La loi 1 (C., IV, 64) est positive en ce sens. Nous devons indiquer le motif de cette différence.

Elle s'explique par les effets différents du contrat de vente et du pacte d'échange ; dans ce dernier cas, la convention elle-même n'ayant pas produit d'obligation, l'échangiste peut dire : « J'ai livré dans le but d'obtenir une dation à mon profit en plaçant ainsi mon adversaire dans la nécessité de livrer à son tour : *Dedi ut daretur*. Le résultat définitif que j'avais en vue ne s'est pas réalisé. C'est comme si j'avais donné *sine causa*, ce qui m'autorise à répéter ; car, ainsi que le fait remarquer Ulpien (L. 1, § 2, D., *De cond. sine caus.*), peu importe que la *causa* que l'on supposait à l'avance n'ait jamais existé, ou que la *causa* que l'on envisageait dans l'avenir ne se produise pas. » — Le vendeur, au contraire, quand il a aliéné la chose vendue, ne l'a pas fait en vue d'obliger l'acheteur à lui en payer le prix, puisque le contrat intervenu entre les parties avait déjà fait naître cette obligation. S'il a fait cette aliénation, c'est qu'il a voulu se libérer de l'obligation qu'il avait contractée en vendant. Par conséquent, le but qu'il avait en vue se trouve réalisé et il ne peut se prévaloir du défaut de paiement du prix pour jouir d'une *condictio sine causa.*

28. — Après ces notions générales, abordons l'étude de la *lex commissoria* insérée dans la vente d'un immeuble à la requête du vendeur.

Nous diviserons le sujet en deux paragraphes :

I. — A quelles conditions le vendeur peut-il invoquer le pacte commissoire?

II. — Quels en sont les effets ?

§ 1

A quelles conditions le vendeur peut-il invoquer le pacte commissoire ?

29. — Pour que le vendeur puisse se prévaloir du pacte commissoire, il est nécessaire, en premier lieu, que ce pacte ait été valablement inséré dans la vente, et en second lieu, que la condition à laquelle est subordonné l'effet du pacte se soit accomplie. Donc la réponse à la question est double. Nous devons examiner comment a *lex commissoria* intervient dans la vente, et comment elle est encourue.

ART. 1er. — Comment la *Lex commissoria* intervient-elle dans la vente ?

30. — Le pacte commissoire est inséré dans le contrat de vente à la requête du vendeur et au moment même de la conclusion du contrat *in continenti* sans aucun trait de temps. Cette simultanéité de la formation du contrat principal et de la naissance du pacte adjoint

est nécessaire pour que celui-ci fasse corps avec celui-là et participe de sa force obligatoire (L. 7, § 5, D., II, 14).

31.— La *lex commissoria*, ainsi rattachée à la vente, peut se présenter sous deux formes différentes. Elle peut y être insérée soit comme condition suspendant la formation du contrat, soit comme condition suspendant la résolution de la vente. Envisageons-la à l'un et à l'autre point de vue.

32. — I. Considérée comme condition suspensive, la *lex commissoria* tient en suspens l'efficacité du contrat, sa formation même, de telle sorte que la vente n'existe pas si la condition à laquelle sa naissance a été subordonnée ne se réalise pas, c'est-à-dire si le prix de l'immeuble n'est pas payé par l'acquéreur dans le délai fixé.— A la vérité, on ne rencontre pas dans les textes romains d'exemple d'une *lex commissoria* ainsi entendue, et c'est pourquoi nos anciens commentateurs ont cru pouvoir mettre en doute la validité de cette convention. A cet effet, ils ont formulé l'objection suivante : les ventes conclues sous une condition potestative de la part de celui qui s'oblige sont nulles (L. 13, C., IV, 38) ; or le paiement du prix, condition suspensive de la vente, dépend de la seule volonté de l'acheteur qui, en refusant de s'acquitter à l'époque fixée, serait libre de faire évanouir le contrat. Donc la vente est nulle (*Fabri rationalia*, tome III, D., L. 1, XVIII, 3).

Il faut reconnaître que cette objection, si elle devait porter, serait un obstacle à la convention qui nous occupe ; mais elle n'est pas concluante. En effet, rationnellement notre théorie n'a rien d'extraordinaire. On conçoit très bien qu'une partie soit obligée, qu'elle

consente à l'être à la condition que l'autre lui paie
l'équivalent de son obligation. Cet engagement est
évidemment valable, mais l'acquéreur ne peut en exiger
l'exécution dans la vente que s'il paie le prix de la
chose vendue. En d'autres termes, nous n'avons une
vente imposant des obligations réciproques que si le
prix est payé ; s'il ne l'est pas, le contrat de vente ne
s'est pas formé ; il ne s'évanouit pas, comme disent
nos adversaires, car il n'a pas encore pris naissance.
— Du reste, les textes eux-mêmes corroborent notre
opinion. En effet, nous voyons aux Institutes que la
vente peut être faite à l'essai, *ad comprobationem*
(III, 23, § 4), et au Digeste qu'elle peut avoir lieu *ad
gustum* (L. 34, § 5, XVIII, 1). Or dans ces hypothèses
elle est subordonnée au bon vouloir de l'acheteur et
cependant elle est valable. Enfin, quant à la nullité de
l'obligation prononcée par la loi 13, C., *sup. cit.*, cela
doit s'entendre de la nullité de l'obligation remise *in
arbitrium* de l'obligé et non du contrat tout entier.

Donc il est loisible aux parties de subordonner la
formation du contrat de vente au paiement du prix par
l'acheteur.

33. — II. Envisagée comme condition suspendant la
résolution du contrat, la *lex commissoria* permet au
vendeur d'immeubles non payé dans le délai fixé de
tenir le contrat comme non avenu et de reprendre la
chose vendue. Dans ce cas, la vente est pure et simple
dès sa formation, elle prend naissance et s'exécute
comme telle; c'est la résolution du contrat qui est
conditionnelle, elle est possible si le prix n'est pas payé
au jour fixé; elle ne l'est pas au cas contraire. « *Pura
est emptio, quæ sub conditione resolvitur,* » nous dit la

loi 2 pr., D. (XVIII, 2). Bien mieux, c'est toujours en ce
sens qu'il faut interpréter la volonté des parties, s'il y
a quelque doute à cet égard : « *magis est ut sub conditione resolvi emptio, quam sub conditione contrahi
videatur,* » dit Ulpien (L. 1, *nost. tit.*).

Art. 2. — Comment la *Lex commissoria* est-elle encourue ?

34. — Le vendeur peut user du droit qu'il s'est réservé et invoquer la loi commissoire, dès que la condition à laquelle est subordonné l'effet du pacte s'est
accomplie, c'est-à-dire aussitôt que l'acheteur est en
défaut de payer le prix.

35. — Cette condition est réalisée par la seule expiration du délai, sans qu'il y ait eu paiement réel et
intégral du prix. Peu importe, à cet égard, que la *lex
commissoria* renferme un terme exprès ou tacite ; dès
qu'il est certain que le délai fixé pour le paiement
s'est écoulé sans qu'il ait eu lieu, le vendeur peut se
prévaloir des effets du pacte commissoire. Au cas de
terme exprès, aucune difficulté ne se présente, il est
toujours facile de savoir si le délai est ou non expiré,
et le vendeur invoque en toute sûreté le pacte commissoire. Mais quand il s'agit d'un terme tacite, il y a
une question de fait à apprécier ; le vendeur doit laisser au débiteur le temps moral pour accomplir ses
obligations, et ce n'est que quand ce temps est écoulé
que le droit à la résolution lui est ouvert.

Cependant il ne faudrait pas croire que toutes les fois
que le paiement n'a pas lieu, l'acheteur est soumis à la
résolution ; car les textes considèrent avec raison,
comme équivalant à un paiement effectif, les offres vala-

blement faites, l'impossibilité de se libérer par suite de l'absence du vendeur, le refus du prix ou la mauvaise volonté de celui-ci à l'accepter (LL. 4, § 4 ; 8, *nost. tit.*). Mais, en dehors de ces hypothèses, le seul retard de l'acheteur à verser le prix au jour fixé lui fait encourir la loi commissoire. — Cependant on a prétendu qu'après l'expiration du délai fixé, l'acheteur peut encore payer valablement, si la résolution n'est pas demandée. Il importe en effet, dit-on, que le vendeur, qui a le choix entre le maintien et la résolution de la vente, fasse disparaître le plus tôt possible l'incertitude qui de ce chef pèse sur le contrat. Aussi s'il ne le fait pas, l'acheteur a le droit de se mettre à couvert en payant le prix, et dès lors le contrat est maintenu. A cet argument d'utilité pratique on ajoute un argument de texte tiré de la loi 4, § 2, *nost. tit.*, qui dit «.... *Statim* atque « commissa lex an, statuere venditorem debere, utrum « commissoriam velit exercere an potius pretium « petere.... ». Il en résulte que c'est *immédiatement* après le délai expiré que le vendeur doit choisir ; s'il ne le fait pas, il est déchu de son droit.

Pour mon compte, je ne crois pas cette argumentation exacte. D'abord il est étrange de voir l'acheteur, qui est en faute, se prévaloir de l'insertion dans le contrat d'une clause introduite en faveur du vendeur et pour protéger ses droits. Cette seule considération détruit toute la force de l'argument d'utilité pratique que l'on invoque ; car s'il y a une incertitude dans la position de l'acheteur, celui-ci n'a à s'en prendre qu'à lui ; il lui suffisait de payer le prix dans le délai fixé pour qu'il n'y eût pas même l'ombre de l'incertitude. En outre, la loi 4, § 2, n'a pas la portée qu'on lui donne ; en la lisant sans parti pris, on se convainc qu'elle consacre purement et simplement un droit d'option pour le vendeur non payé, et ce n'est pas en se fondant sur ce seul mot *statim* que l'on peut en tirer *a contrario* une conclusion contraire au but du législateur dans la théorie de la *lex commissoria*.

36. — Le pacte commissoire donne donc au vendeur d'immeubles non payé une option ; il est libre ou d'invoquer le pacte et de demander la résolution de la vente, ou de le laisser de côté et d'exiger l'exécution du contrat : « Legem commissoriam si volet venditor exer- « cebit, non etiam invitus, » nous dit la loi 3, *nost. tit.* — Et de ce choix accordé au vendeur non payé Pomponius nous donne un double motif. D'une part, c'est dans l'intérêt du vendeur que la *lex commissoria* est insérée dans la vente, et chacun est libre de renoncer aux droits introduits en sa faveur. D'autre part, si la résolution était imposée au vendeur, le bénéfice du pacte se retournerait contre lui ; car si l'on suppose la perte de la chose par cas fortuit entre les mains de l'acheteur, ce dernier se déchargera des risques sur le vendeur, en le forçant à résoudre le contrat par son refus obstiné de payer le prix, et les risques se trouveront ainsi déplacés.

Mais si le vendeur a le choix entre l'exécution ou la résolution de la vente, il ne saurait pourtant changer d'idée, son option une fois faite : « nec posse si com- « missoriam elegit, postea variare » (L. *sup. cit.*). — Par conséquent, si après l'expiration du délai fixé pour le paiement, il reçoit la totalité de la somme, ou s'il accepte seulement des acomptes, ou bien encore s'il fait sommation à l'acheteur de payer le capital, les intérêts mêmes, il est censé avoir renoncé au bénéfice du pacte et opté pour l'exécution du contrat ; par suite, il est irrecevable à agir en résolution.

§ 2

Effets du pacte commissoire

37. — Le vendeur optant pour la résolution du contrat, nous allons rechercher quelles sont les conséquences produites par son option. Or, selon les cas, les effets du pacte commissoire se produisent dans les rapports respectifs des parties seulement, ou bien vis-à-vis des tiers.

Nous les étudierons successivement à l'un et à l'autre point de vue.

ART. 1er. — Effets du pacte commissoire dans les rapports des parties

38. — Pour examiner ces conséquences, il faut supposer que le contrat a été exécuté, et la propriété transférée à l'acheteur, sans quoi l'effet de la résolution se bornerait à faire cesser de part et d'autre le droit de poursuivre l'exécution. En supposant donc l'exécution accomplie *pendente conditione*, la résolution anéantit le contrat et tous les effets produits par la vente doivent disparaître. Par conséquent, les parties sont obligées l'une envers l'autre à se remettre, au moyen de restitutions réciproques, dans la position où elles auraient été si le contrat n'avait pas eu · lieu ; et en outre, dans l'opinion qui a prévalu dans le der-

nier état du droit, l'aliénateur est rétabli *ipso jure* dans la propriété de l'immeuble vendu.

39. — Par quelles actions ces divers résultats peuvent-ils être obtenus par le vendeur ? — Et à quelles restitutions a-t-il droit ? — Ce sont les deux questions que nous avons à résoudre.

40.— I. *Par quelles actions le vendeur peut-il agir ?* — A l'origine, la réalisation de la condition à laquelle était subordonné l'effet du pacte commissoire avait simplement pour résultat de résoudre le contrat, c'est-à-dire de faire disparaître les obligations engendrées, sans toucher en rien à la translation de propriété accomplie. Par conséquent, il en résultait que le vendeur ne pouvait agir que par une action personnelle. De tout temps ce put être une *condictio sine causa*, fondée sur ce que le contrat qui avait motivé le transport de propriété a cessé d'exister (L. 1, § 2, XII, 7). Mais cette action était insuffisante, parce qu'elle permettait seulement de répéter la chose vendue sans assurer l'exécution des prestations réciproques que les parties pouvaient se devoir en vertu de leurs conventions. Aussi les jurisconsultes romains s'accordèrent-ils à reconnaître la nécessité d'une action ayant pour base la convention elle-même; mais les deux écoles se séparèrent sur le nom et la nature de cette action.

41. — Les Sabiniens donnaient l'ation dérivant du contrat, *actio venditi directa* : « placet venditori « ex vendito eo nomine actionem esse, » nous dit Pomponius (L. 6, § 1, XVIII, 1). Ils appliquaient purement et simplement à la *lex commissoria* la règle générale sur les pactes adjoints, en vertu de laquelle

ces pactes ajoutés *in continenti* à un contrat de bonne
foi en font partie intégrante et sont sanctionnés par
l'action même de ce contrat. — A cette doctrine les
Proculiens faisaient l'objection suivante : que les
pactes adjoints soient munis de l'action du contrat
principal, on le conçoit très bien, quand ces pactes ne
font que modifier la nature du contrat. Mais lorsqu'il
s'agit d'un pacte qui en altère l'essence même, qui au
lieu de s'ajouter à la vente pour en modifier les effets,
s'y substitue et la fait disparaître, il est étrange de
lui attribuer le bénéfice de l'action même de ce contrat.

Aussi Ulpien ne peut-il s'empêcher de faire cette
observation : « et quidem finita est emptio » (L. 4, *pr.*,
nost. tit.), la vente a disparu ; dès lors, comment le
vendeur, qui a cessé d'être vendeur, peut-il encore jouir
de l'action *venditi ?* Cela paraît impossible. Cependant
Pomponius pour le justifier répond qu'à la vérité, si
la vente est anéantie et si les obligations du vendeur
n'existent plus, toute obligation n'a pas cessé du côté
de l'acheteur, et par conséquent, il ne faut pas s'attacher trop rigoureusement au terme de vente employé
par les parties et aller au fond des choses (L. 6, § 1,
sup. cit.). Quoi qu'il en soit de la valeur rationnelle de
ce dernier motif, nous devons constater ici la fidélité
des Sabiniens à la tendance générale de leur école
qui donnait, comme on le sait, une grande extension
aux actions dérivant des contrats nommés et les appliquait aux contrats innomés les plus voisins.

42. — De leur côté, les Proculiens proposèrent une
solution conforme aux doctrines de leur école. Pour
eux, il ne pouvait être question de l'action *venditi*, la

vente une fois résolue. Mais il subsistait néanmoins une dation effectuée par le vendeur sous la condition de restituer dans un cas prévu, une dation *certa lege*, comme dit Papinien (L. 8, *in fine*, XIX, 5). L'opération pouvait donc être ramenée à un contrat *do ut des*, et par suite le vendeur non payé devait jouir de l'action *prœscriptis verbis* attachée aux contrats innomés.

43. — A mon avis, le système des Proculiens est le plus conforme aux véritables principes. Aussi n'y a-t-il rien d'étonnant de le voir triompher plus tard. Mais, en raison des autorités nombreuses qui avaient soutenu l'opinion sabinienne, nous voyons la controverse se dénouer d'une façon assez curieuse. Les deux théories triomphent à la fois. En effet, Septime Sévère et Caracalla consacrèrent par un rescrit le droit pour le vendeur à l'action *venditi* (L. 4, *n. t.*) sans paraître exclure formellement l'action *prœscriptis verbis*; et quelques années plus tard, Alexandre Sévère autorisa indifféremment l'une et l'autre voie pour l'exercice du réméré (L. 2, C., IV, 54). D'où l'on peut conclure que la même option dut être admise dans tous les cas analogues et par conséquent dans la *lex commissoria*. — Tel est l'état de la législation pendant la période classique.

44. — Le vendeur d'immeubles non payé n'ayant à son service que des actions personnelles ne pouvait ni poursuivre sa chose entre les mains des tiers acquéreurs, ni faire tomber les droits réels dont elle avait été grevée depuis l'aliénation par l'acquéreur; et dans ces hypothèses, réduit à l'action *venditi* et à l'action *prœscriptis verbis*, il courait les risques de l'insolvabilité de ce dernier. Bien mieux, en admettant même que l'immeuble fût resté dans le patrimoine de l'acheteur

franc et libre de toutes charges, si celui-ci refusait
d'en retransférer la propriété, le vendeur ne pouvait
obtenir contre lui qu'une condamnation pécuniaire,
prononcée par le juge sur le *jusjurandum in litem* du
demandeur, condamnation qui était inefficace au cas
d'insolvabilité du défendeur.

45. — Pour obvier à ces inconvénients il fallait que
le vendeur, après avoir opté pour la résolution du contrat, pût exercer l'action en revendication. Le pouvait-
il ? Oui, si en droit romain, la propriété pouvait être
transférée sous condition résolutoire ; car alors, en cas
de réalisation de la condition, la propriété revenait *ipso
jure* à l'aliénateur ; et non, en cas contraire. Nous devons
donc rechercher s'il était possible à Rome de transférer la propriété d'une chose résoluble sous condition.
Cette question est une des grandes controverses que l'on
rencontre dans la législation romaine, et de tout temps
elle a préoccupé les commentateurs. Trois systèmes
principaux se sont produits.

Le premier nie d'une manière absolue qu'il ait été
jamais possible à Rome de transférer la propriété sous
condition résolutoire. Le second, au contraire, prétend
que cela a pu toujours avoir lieu, du moins dans la
tradition. Le troisième distingue selon les époques : il
n'admet pas la possibilité du transfert de la propriété
sous condition résolutoire dans le droit romain primitif ;
mais cette opinion, proposée dès l'époque classique par
des jurisconsultes, aurait triomphé définitivement sous
Justinien.

46. — Les défenseurs de la première opinion raisonnent de la manière suivante : De tout temps la propriété
a été envisagée à Rome comme un droit perpétuel, par

conséquent non susceptible de restriction, de limitation dans sa durée. Il est de l'essence de ce droit qu'il soit établi de cette façon ; de telle sorte que les conventions, qui accompagnent l'aliénation dans le but d'assurer conditionnellement le retour de la chose aliénée aux mains de l'aliénateur, ne peuvent, comme toutes les conventions, que donner naissance à des obligations. Que l'acquéreur soit soumis à l'obligation conditionnelle de rétrocéder, très bien ; mais cette obligation ne donne, le cas échéant, à l'aliénateur qu'une action personnelle contre lui. Quant aux tiers qui ont acquis des droits sur la chose pendant le temps intermédiaire, ils les conservent ; car ils sont étrangers à la convention intervenue.

On invoque en ce sens un certain nombre de textes qui tranchent, dit-on, la question d'une façon définitive. Il en est, en effet, qui supposent que c'est par une action personnelle que l'aliénateur, avec clause de retour conditionnel, poursuit la rentrée entre ses mains de la chose aliénée, et qui par cela même déclarent implicitement que la clause dont il s'agit ne lui assure pas le retour direct de la propriété, après l'accomplissement de la condition. C'est ainsi que Paul, dans deux fragments différents, attribue au donateur à cause de mort la *condictio causa data causa non secuta*, pour reprendre les choses données, après la révocation ou la caducité de la donation (D., LL. 38, § 3, XXII, 1 ; 35, § 3, XXXIX, 6), ainsi encore, au cas de reméré, l'empereur Alexandre Sévère donne le choix au vendeur entre l'action *præscriptis verbis* et l'action *venditi* (L. 2, C., IV, 54). Bien mieux, dans le texte suivant au Code (L. 3), le même empereur, statuant sur le cas de vente d'un immeuble avec *lex commissoria*, décide que si le

A . 3.

prix n'est pas payé dans le délai fixé, le vendeur n'a pas la revendication, mais l'action *venditi : « rei vindicationem non habet, sed actionem et vendito. »* Enfin une constitution des empereurs Dioclétien et Maximien (*Fragm. Vatic.*, § 283) nie directement la possibilité de transférer une propriété temporaire et par suite une propriété conditionnelle : « *ad tempus proprietas transferri nequit. »*

Et si l'on objecte à ce système qu'il y a d'autres textes qui reconnaissent à l'aliénateur le droit d'exercer la revendication, il répond que ces textes ne sont pas concluants. Ils contiennent bien à la vérité les expressions « vindicatio » « vindicare » (L. 8, D., *nost. tit.* ; L. 4, C., IV, 54) ; mais il ne faut pas entendre ces termes dans leur sens rigoureux et technique : ils signifient demander, réclamer d'une manière générale, en un mot poursuivre un droit quelconque.— D'ailleurs, dans les passages invoqués la question n'est traitée que d'une manière incidente, tandis que nous la trouvons traitée *ex professo* dans la loi 3, C., *sup. cit.*, formelle pour refuser la revendication,

Enfin, dit-on, dans cette opinion la loi 4, § 3, D., (XVIII, 2), consacre une solution erronée, quand elle décide que la résolution de la vente fait tomber les hypothèques consenties dans l'intervalle par l'acheteur sur la chose vendue. En effet, dans cette loi, le jurisconsulte induit de la solution qu'il donne relativement à l'extinction des hypothèques consenties *intérim* par l'acheteur, cette conséquence que dans l'intervalle de la translation de propriété à la résolution de la vente, celui-ci a été propriétaire : « Ex quo colligitur quod emptor medio tempore dominus esset ;» or cette conséquence n'est exacte que si les hypothèques sont maintenues, et non si elles sont non avenues. Donc il faut lire la loi comme s'il y avait « rem pignori esse *non* desinere. »

47. — Le second système est le contre-pied du premier, et en l'exposant nous réfuterons par conséquent quelques-unes des données sur lesquelles ce premier système repose. — Les partisans de cette seconde opinion affirment qu'il a toujours été possible à Rome de transférer une propriété temporaire ou résoluble. Ils raisonnent ainsi : Il est certain que la propriété qui a été transférée sans réserve à l'acquéreur ne peut pas, sans l'emploi d'un mode légal, faire retour à l'aliénateur, mais cependant il faut reconnaître que la translation de la propriété peut être soumise à des restrictions. En effet, la volonté des parties *justa causa* est un élément essentiel du transport de la propriété, qui ne passe à l'acquéreur que dans les limites déterminées par cette volonté et par conséquent avec les restrictions faites dans le contrat intervenu entre les parties. C'est ainsi notamment qu'une personne aliénant un fonds peut retenir des servitudes au profit d'un fonds voisin. Dans ce cas, l'acquéreur n'acquiert qu'un droit de propriété démenbré. De même, on peut convenir dans une aliénation que que la propriété de la chose ne sera transférée qu'à l'événement d'une condition apposée au contrat. Pourquoi, dès lors, la volonté des parties ne pourrait-elle pas limiter la durée de la propriété transmise ? Rationnellement, on n'y voit aucun obstacle. Donc si cette limitation est possible, il en résulte qu'à l'époque fixée, la propriété cesse d'appartenir à celui qui l'avait acquise, et il n'est absolument pas besoin qu'il y ait une rétrocession.

Nous trouvons ce résultat constaté, disent ces auteurs,

dans un certain nombre de textes qui accordent la revendication à l'aliénateur avec clause de résolution conditionnelle. Nous pouvons citer la loi 29, D., (XXXIX, 6), dans laquelle Ulpien, au cas de révocation d'une donation à cause de mort ayant transféré la propriété de la chose au donataire, accorde l'action *in rem* au donateur : « potest defendi in rem competere donatori. » Voyez aussi la loi 41 (VI, 1). — Il ne faudrait pas croire que cette doctrine est enseignée par Ulpien seul ; elle est celle de Scævola (L. 8, *nost. tit.*), de Julien (L. 14, XXXIX, 6), de Paul (L. 9 pr., XXXIX, 3). En outre, au Code les lois 1 et 4, *nost. tit.*, la consacrent pour la période classique. Enfin sous Justinien la loi 2, C., VIII, 55, est formelle dans ce sens ; elle permet de transférer la propriété *ad tempus certum vel incertum.*

On objecte que l'exercice des actions personnelles accordé par des textes exclut la revendication. C'est inexact ; il n'y a aucun obstacle à la coexistence de ces actions en raison des résultats différents qu'elles produisent.

Enfin on ne saurait admettre l'explication fantaisiste donnée de la loi 4, § 3 (XVIII, 2). Ce texte ne dit pas, comme on le prétend, que les hypothèques consenties dans l'intervalle par l'acheteur sont non avenues, mais qu'elles prennent fin « rem pignori esse desinere ; » ce qui suppose qu'elles ont été valablement constituées et que, par suite, avant la résolution l'acheteur était propriétaire.

48. — Ces deux systèmes sont trop absolus en sens contraire. Les partisans de la première théorie ne peuvent expliquer les textes d'Ulpien, fondateur d'un sys-

tème nouveau (LL. 29, XXXIX, 6 ; et 41, VI, 1). Réciproquement, les partisans de la seconde opinion ont tort
de la généraliser d'une manière absolue ; des jurisconsultes ne l'admettaient pas : Julien (LL. 13 et 19,
XXXIX, 6), Paul (L. 39, *ibid.*), sont formels.

49.— De là est sorti le troisième système dont l'honneur revient à M. Pellat : je m'y rallie.

A l'origine, la propriété apparaît aux jurisconsultes
romains comme un droit absolu, par suite non susceptible d'être limité dans sa durée. Sans doute le propriétaire peut le transmettre, mais quand il l'aliène, le droit
en lui-même subsiste déplacé avec ses caractères
rigoureux.

Cependant cette théorie de pur droit civil n'était pas
sans présenter des inconvénients pratiques assez graves
dont le principal était de laisser l'aliénateur désarmé
en face des tiers. Aussi rencontra-t-elle des contradic-
teurs dès l'époque classique. Ulpien professait que le
domaine pouvait être transféré résoluble, qu'il pouvait
faire directement retour à l'aliénateur, et il semble
que Marcellus l'avait précédé dans cette voie, car Ulpien
invoque en sa faveur l'opinion de ce jurisconsulte.
Seulement il présente son opinion en des termes mo-
destes et qui dénotent une innovation susceptible de
controverse : « potest defendi in rem competere dona-
« 'tori », dit-il dans la loi 29, *De mort. caus. donat.*, déjà
citée. Il ne s'agit donc pas d'une opinion unanime des
jurisconsultes, mais bien d'une théorie nouvelle qui
n'a pour elle que l'appui d'une minorité. — Peu à peu
cependant cette minorité s'augmente, elle recrute des
partisans, et nous voyons bientôt le pouvoir lui-même
faire un pas dans la voie nouvelle. Les empereurs

Valérien et Gallien accordent au donateur sous condition résolutoire une revendication utile : « ...vindi-
« cationem etiam in hoc casu utilem... impetrare
« potes ; id est actionem qua tibi dominium restitua-
« tur. Nam non solum condictio tibi in hoc casu ....
« verum etiam vindicationem esse dandam sanxerunt
« divi principes » (L. 1, C., VIII, 55). On ménage encore un peu les anciens principes ; c'est pourquoi la revendication est qualifiée d'utile.

Sous Justinien, il n'en est plus de même. Ce prince est habitué à bouleverser toutes les règles anciennes. Aussi adopte-t-il sans hésiter la doctrine d'Ulpien dans la loi 2, C., *sup. cit.* Cette constitution est des empereurs Dioclétien et Maximien. Or si on la compare avec le § 283, *Frag. Vat.*, on reconnaît, à la simple lecture, que les deux textes contiennent le même rescrit : seulement il est rapporté dans sa pureté primitive dans les Fragments du Vatican, tandis que l'auteur de la constitution ne l'a employé qu'en en changeant absolument le sens par la suppression de la négation : au lieu de « donatio inrita est, » on lit « donatio valet » ; au lieu de « cum ad tempus proprie-
« tas transferri nequiverit, » on lit « quum etiam ad
« tempus certum vel incertum ea fierit potest ». —
Ce rapprochement fait par M. Pellat (*Revendication*, p. 284) montre, à n'en pas douter, que la doctrine du domaine résoluble, repoussée encore sous Dioclétien et Maximien, a été définitivement admise par Justinien qui, selon son habitude, conserve l'ancien texte en lui faisant dire le contraire.

50. — Nous concluons donc que le vendeur jouit, sous les constitutions impériales qui ont admis

la théorie nouvelle d'Ulpien, de l'action en revendication ;
il en est de même sous Justinien.

51. — Est-ce à dire qu'à partir de cette époque, les
actions personnelles soient devenues inutiles pour le
vendeur ?

Evidemment non. L'action personnelle lui était, à
divers points de vue, plus avantageuse que la revendication. Ainsi d'abord, la revendication n'était possible qu'à la condition que le vendeur eût été propriétaire et eût transféré la propriété à l'acheteur. Faute
de quoi, pas de revendication ; car la résolution ne
peut rendre à l'aliénateur des droits qu'il n'a jamais
eus. En outre, en supposant la revendication possible,
le vendeur ne pouvait obtenir par elle la restitution
des fruits ou des *accessiones* acquis à l'acheteur *pendente
conditione* ; car la propriété de l'acheteur sur ces
choses est définitive et incommutable, la résolution
n'ayant pas d'effet rétroactif, tandis qu'il arrivait à
ce résultat par l'action personnelle. Donc, selon les cas,
le vendeur non payé avait avantage à se servir de l'une
ou de l'autre action.

52. — II. *A quelles restitutions le vendeur a-t-il
droit ?* — Nous venons de rechercher par quelles actions
le vendeur non payé se prévaut de la *lex commissoria*,
déterminons maintenant ce qu'il obtiendra par l'exercice de ces actions.

53. — I. En premier lieu, le vendeur doit recouvrer
l'immeuble vendu ; car la vente est anéantie et le bien
est censé n'avoir jamais été acheté « fundus inemptus
« est, » disent les textes. Ce résultat ne pouvait être
obtenu à l'époque classique, puisque dans les actions
venditi ou *præscriptis verbis* données au vendeur non

payé, la condamnation prononcée par le juge était pécuniaire (G., IV, § 48), à moins cependant que le fonds ne fût restitué volontairement par l'acheteur. Mais dès que l'on eut admis la possibilité de transférer un droit de propriété résoluble, l'action en revendication permit à l'aliénateur de recouvrer sa chose, et à partir de ce moment, ses droits se trouvent de ce chef pleinement sauvegardés.

54. — II. En second lieu, le vendeur a droit aux fruits et accessoires produits par la chose *pendente conditione*, et plus généralement à l'*omnis causa*. Précisons la portée de cette règle. La vente sous condition résolutoire étant pure et simple *ab initio*, il en résulte que la tradition rend immédiatement l'acheteur propriétaire de la chose vendue, et à ce titre, il acquiert les fruits et les accessoires de la chose, tels que l'alluvion s'incorporant au fonds. Mais la vente une fois résolue, les parties doivent être replacées dans leur situation primitive ; dès lors, l'acheteur ne peut conserver les fruits, il doit tous les restituer au vendeur. Cependant cette obligation de restituer est purement personnelle et n'implique pas la résolution de la propriété conférée sur ces choses à l'acheteur ; d'où par conséquent, de l'aveu même des jurisconsultes qui attribuaient au vendeur la *rei vindicatio* pour reprendre la chose vendue, cette action est impuissante en ce qui concerne ces fruits et accessoires, et pour les obtenir, il faut recourir à l'action *venditi* ou *præscriptis verbis* (L. 5, *nost. lit.*). — Remarquons toutefois que l'*omnis causa* a en notre matière une portée très compréhensive. Elle comprend encore les indemnités à raison des dégradations que le fonds a éprouvées par

suite du fait ou de la faute de l'acheteur, et en outre la cession des différentes actions qu'il pouvait avoir acquises à propos de la chose ; ainsi les interdits *quod vi aut clam, unde vi* (L. 4, *pr.*, *n. t.*; L. 4, § 4, XVIII, 2). Ajoutons enfin que si le vendeur ayant recouvré sa chose, la revend moins avantageusement, il peut exiger que son premier acheteur l'indemnise de ce chef, aux termes de la loi 4, § 3, *n. t.*, quand le cas a été prévu et réglé par la vente.

55. — III. En troisième lieu, le vendeur conserve les acomptes qu'il a reçus sur le prix ; mais, dans ce cas, il n'a pas droit aux fruits produits par la chose. Cette conséquence constitue l'effet *pénal* de la *lex commissoria*. Il fallait éviter, en effet, que l'acheteur fût libre, en ne payant pas le prix, de faire résoudre un contrat désavantageux pour lui, et c'est pourquoi les jurisconsultes romains ont décidé que, lorsque la *lex commissoria* serait encourue, le vendeur aurait le droit de conserver les acomptes versés par l'acheteur sur le prix. Nous trouvons à notre titre deux textes qui consacrent ce droit d'une façon précise au cas de la *lex commissoria* : «..... fundos inemptos fore, et in quod « arrhæ vel *alio nomine datum* est, apud venditorem « remansurum. » — «.... ut interdum fructus emptor « lucretur cum pretium quod numeravit perdidit » (L. 6, *pr.*; L. 4, § 1).

On a, à la vérité, contesté cette solution, mais à mon avis, elle s'appuie sur des arguments péremptoires.

56. — IV. En quatrième lieu, le vendeur doit tenir compte à l'acheteur du montant des impenses nécessaires, que ce dernier aurait faites pour la conservation de la chose et aussi des impenses utiles par

lesquelles il l'aurait améliorée jusqu'à concurrence
de la plus-value. Cette obligation, quoique non rappelée
par un texte spécial en notre matière, résulte par analogie de la loi 14 au Digeste (XXXIX, 6) statuant au
cas de donation à cause de mort ; et de plus, elle,
dérive des principes généraux en matière de contrats
de bonne foi.

Art. 2. — Effets du pacte commissoire vis-à-vis des tiers

57. — Pour examiner ces conséquences, il faut supposer que l'acheteur de l'immeuble a consenti des droits
réels à des tiers : ainsi il a revendu et livré le fonds à
un second acheteur, ou il l'a grevé de servitudes,
d'hypothèques. Ces droits valablement acquis à des
tiers tiendront-ils en échec celui que le vendeur non
payé puise dans le pacte commissoire, ou bien la résolution de la vente les fera-t-elle disparaître ?

La solution de cette question dépend de l'opinion
que l'on adopte sur la fameuse théorie du domaine
résoluble exposée plus haut (n°s 45 à 50).

Je pense donc, qu'à l'origine et pendant la période
classique, le vendeur n'ayant qu'une action personnelle contre l'acheteur, devait s'en tenir exclusivement,
pour faire valoir son droit, à la personne avec laquelle
il avait contracté. Par conséquent, si des droits réels
avaient été concédés à des tiers sur l'immeuble vendu,
cette concession était valable à l'égard du vendeur non
payé, et il était tenu de la respecter.

Mais plus tard quand, sous les constitutions impériales, on eut reconnu que par l'arrivée de la condition
la propriété de la chose revenait de plein droit au ven-

deur, ce dernier, armé de la revendication, put poursuivre sa chose entre les mains des tiers acquéreurs et
faire tomber tous les droits réels concédés dans l'intervalle par l'acheteur. Ce résultat se justifie par cette
considération que l'acheteur ne peut conférer à autrui
plus de droits qu'il n'en a lui-même sur la chose. Or,
son droit de propriété sur l'immeuble qu'il a acquis
est résoluble sous condition. Donc si la condition se
réalise, le droit de propriété du concédant venant à
disparaître, les droits réels concédés s'évanouissent
aussi ; ils prennent fin à la réalisation de l'événement fixé
puisqu'ils n'ont été établis, à l'origine, qu'affectés de
cette condition.

Dès lors, à partir de cette époque, le vendeur non
payé put exercer l'action en revendication et rentrer
ainsi dans la propriété libre et franche de sa chose.

ANCIEN DROIT FRANÇAIS

58. — Notre ancien droit français, suivant en cela les traditions romaines, ne devait pas manquer d'assurer au vendeur d'immeubles non payé les garanties qu'exigent son intérêt privé et la prospérité publique. Aussi n'est-il pas étonnant de voir se former peu à peu, à mesure que la France échappe aux étreintes de la féodalité, un ensemble de garanties moins harmonieux à l'origine que l'œuvre des jurisconsultes romains, mais qui devient bientôt plus complet et plus protecteur pour le vendeur que le droit romain lui-même. En effet, tout en maintenant en sa faveur les droits de *rétention* et de *revendication*, les légistes et les parlements lui donnèrent en outre *l'action en résolution* qui se substitue à la *lex commissoria*, et le *privilège* qui rend inutiles le *précaire*, *l'hypothèque*, et la convention *de bail*. Nous allons examiner rapidement la marche progressive de ces diverses institutions.

I. — Du droit de rétention

59. — Malgré les obstacles que les seigneurs féodaux avaient voulu apporter à son développement comme à

une institution qui diminuait leurs revenus en restreignant le nombre des procès, le droit de rétention se maintint tel, à peu de chose près, qu'il était à Rome avec les mêmes caractères et les mêmes conditions.

60. — Cette proposition est incontestable en ce qui concerne les pays de *droit écrit*, puisqu'on y suivait la loi romaine. Dans les pays de *coutumes* au contraire, on ne rencontre que très peu de documents relatifs au droit de rétention ; ce n'est pas à dire cependant que l'usage de se prévaloir de ce droit ne fût pas en vigueur. Nous savons en effet, d'après d'Argentré (*Coutume de Bretagne*, 6e éd., col. 860, D.), que les héritiers de l'usufruitier peuvent l'invoquer contre le nu-propriétaire pour les améliorations faites au fonds durant l'usufruit, par analogie de ce qui a lieu pour le possesseur de la chose d'autrui. De même Guy-Coquille l'admet pour le mercenaire sur les moissons et cueillette de grains, vendanges faites par lui, et pour le voiturier sur les marchandises transportées, le tout jusqu'à concurrence du salaire qui leur est dû (*Cout. Nivernais*, ch. XXXII, art. 13). — En ce qui concerne spécialement la vente, Brodeau nous dit : « Et quand la chose vendue n'est point livrée, le vendeur a droit de rétention, *jure pignoris*, jusqu'à ce qu'il soit entièrement payé. » Et il fonde sa solution sur la loi 13, § 8, *De act. empti* (*Cout. de Paris*, art. 177, n° 3). Enfin Pothier ne fait que traduire et paraphraser les décisions romaines sur ce point (*Vente*, n⁰ˢ 63, 64). Nous y voyons que le vendeur peut retenir la chose « comme par forme de nantissement pour la sûreté du paiement du prix qui lui est dû ; » mais que cette faculté cesserait pour lui, si par le contrat il avait accordé à l'acheteur un terme de paiement

non encore expiré, sauf à revivre si « depuis le contrat
l'acheteur avait souffert un dérangement dans sa for-
tune qui fût tel que le vendeur courût le risque de perdre
le prix. »

II. — De la revendication

61. — Notre ancienne jurisprudence conserva aussi
la doctrine romaine relativement à la transmission de
la propriété dans le contrat de vente, et cela dans les
pays de droit écrit comme dans les pays de coutumes.
Par conséquent, la tradition consécutive à la vente ne
transférait la propriété à l'acheteur que lorsque le
vendeur avait été payé ou satisfait du prix, au cas de
vente au comptant ; et au cas de vente à terme, la
translation de propriété s'opérait immédiatement par la
remise de la chose. Nos anciens jurisconsultes justi-
fiaient cette théorie par les mêmes raisons que celles
que nous voyons invoquer en droit romain. Le vendeur
au comptant ne veut pas perdre ; il veut se soustraire
aux conséquences d'une insolvabilité qu'il redoute ; et
pour cela, la loi doit lui assurer une protection efficace
en lui conservant la propriété de la chose, même après
tradition. Au contraire, celui qui vend à terme démontre par cela même qu'il a pleine confiance en la solvabilité de son acheteur ; dès lors, il n'y a pas de motif
pour déroger aux règles générales d'après lesquelles
la tradition opère le transport de la propriété. — On
allait même plus loin. En cas de silence dans le contrat
sur l'époque du paiement du prix, on présumait la vente
faite au comptant ; de telle sorte que la tradition ne

transférait pas la propriété, parce que dans les contrats synallagmatiques les parties sont sur le pied d'égalité, l'une n'exécute son obligation qu'à la condition que l'autre accomplisse son engagement (POTHIER, *Vente*, nᵒˢ 323, 324, 325).

III. — Du droit de résolution

62. — En cette matière, notre ancien droit commença par admettre purement et simplement les principes romains. Le défaut de paiement du prix ne donnait pas au vendeur le droit de demander la résolution du contrat à moins que la vente ne contînt une *lex commissoria* ; en l'absence de cette clause, le vendeur en était réduit à poursuivre l'exécution du contrat et le paiement du prix par l'action *ex empto*. Dans les pays de droit écrit, ces règles se maintinrent et furent appliquées jusqu'à la promulgation du Code civil en 1804, notamment dans le ressort du parlement de Toulouse. En effet, deux décisions de la jurisprudence, l'une de la Cour de Montpellier du 7 février 1828 (S., 28, II, 246), l'autre de la Cour de cassation du 4 mars (S., 28, I, 278), le constatent.

Mais dans les pays de coutumes on ne tarda pas à reconnaître les inconvénients de ce système, et bientôt il fut abandonné par la jurisprudence des parlements. Deux innovations heureuses y furent apportées, l'une en faveur du vendeur, l'autre en faveur de l'acheteur.

63. — La première consistait à permettre au vendeur de demander la résolution du contrat en cas de non-paiement, sans que la vente contînt un pacte commissoire.

Pothier (*op. cit.*, n° 476) la justifie de la manière suivante : « Mais comme le plus souvent on ne peut sans de grands frais se faire payer de ses débiteurs, on a été obligé de se départir dans les tribunaux de la rigueur de ces principes ; et l'on admet un vendeur à demander la résolution du contrat de vente pour cause de défaut de paiement du prix, quoiqu'il n'y ait pas de pacte commissoire. » Domat fournit en outre cette considération fondée sur l'intention des parties, à savoir que les contractants ne veulent le maintien du contrat que si chacun exécute ses engagements (liv. I, tit. 2, sect. 12; n° 13.)

64.—La seconde innovation permit à l'acheteur d'éviter la résolution du contrat en payant le prix. On sait qu'en droit romain, le fait seul du non-paiement dans le délai fixé entraînait la résolution de la vente. Contrairement à cette décision, on admit que la sentence seule du juge produirait cet effet ; de telle sorte que jusqu'au jugement, l'acheteur pouvait payer valablement. On alla même plus loin, et Pothier nous apprend qu'après une sentence prononçant la résolution, l'acheteur peut en empêcher l'exécution et faire maintenir le contrat en interjetant appel et en offrant, sur l'appel, le prix, les intérêts et les dépens (n° 476, *in medio*).

65. — Par conséquent, à la suite de ces deux innovations, nous voyons fonctionner dans notre ancien droit deux pactes commissoires, l'un expressément inséré dans le contrat au moment de sa formation, l'autre que la jurisprudence considère comme y étant virtuellement sous-entendu. Comment expliquer leur existence simultanée ? Lorsqu'il y avait un pacte commissoire exprès, le juge, sur la demande formée par le

A. 4.

vendeur, n'avait à rendre qu'une seule sentence, par laquelle il prononçait la résolution du contrat et autorisait le vendeur à rentrer en possession de sa chose; au contraire, lorsqu'il n'y avait pas de pacte, le juge, sur la demande du vendeur, rendait une première sentence fixant à l'acheteur un délai extrême pour le paiement, passé lequel le vendeur pouvait faire prononcer la résolution par un second jugement. On comprend que pour éviter les lenteurs de cette seconde procédure, le vendeur fit insérer dans le contrat la clause résolutoire expresse; et par conséquent le maintien de cette clause dans la pratique se trouve justifié en présence de la jurisprudence nouvelle.

66. — En ce qui concerne les effets de la résolution, ils sont à peu près les mêmes qu'en droit romain.

Au cas de pacte commissoire exprès, le vendeur avait l'option entre l'exécution ou la résolution du contrat, mais son choix, une fois fait, était irrévocable. Pour demander la résolution, le vendeur avait recours à une action que nos anciens auteurs qualifient de *personnelle réelle*. Cette dénomination paraît bizarre au premier abord, car une action ne peut réunir deux caractères qui s'excluent et se contredisent l'un l'autre. Cependant on expliquait cette qualification de la manière suivante: l'action est personnelle parce qu'elle est fondée sur une clause du contrat; elle n'est qu'une branche de l'action *ex vendito*, et dès lors, elle revêt le même caractère que l'action *ex vendito* elle-même. Elle est réelle parce qu'elle peut s'exercer contre les tiers détenteurs; en effet, en aliénant l'héritage, le vendeur a affecté ce bien à l'exécution des obligations que l'acheteur a contractées par-devers lui. De là, par conséquent, le caractère mixte de cette action.

En exerçant cette action, le vendeur conclut à la résolution du contrat, et par conséquent à la restitution de la chose vendue. Avec la chose, l'acheteur doit rendre les fruits ; mais s'il a payé une partie du prix, il ne rend les fruits qu'en proportion de ce qui reste à payer ; ainsi par exemple s'il avait payé le quart du prix, il ne rendrait que les trois quarts des fruits perçus sur la chose. Il y a même un cas où l'acheteur conserve la totalité des fruits, c'est lorsqu'il a été convenu que le vendeur, qui a reçu une partie du prix, la retiendrait par forme de dommages-intérêts au cas de résolution du contrat. Enfin, l'acheteur doit faire raison des détériorations survenues par sa faute à la chose vendue. De son côté, le vendeur doit tenir compte des impenses nécessaires faites pour la conservation de la chose, et même des impenses utiles jusqu'à concurrence de la plus-value qu'elles ont donnée au fonds ; mais il n'est pas tenu de restituer les arrhes qu'il a reçues. Toutes ces solutions sont romaines. Toutefois, notre ancien droit n'a pas admis, comme le droit romain, que l'acheteur, au cas de résolution, perdrait les acomptes versés par lui sur le prix. Pour que ce résultat eût lieu, il fallait une convention expresse des parties, tandis que, à notre avis du moins, il se produisait à Rome en l'absence de toute clause insérée dans la vente à cet effet (POTHIER, nos 464 à 472 incl.).

IV. — **Du privilége du vendeur**

67. — C'est dans les pays de droit écrit qu'il faut
chercher l'origine du privilége du vendeur d'immeubles
non payé. On sait que l'on rencontrait à Rome l'usage
d'une convention de précaire accessoire à la vente. Le
vendeur avait soin de remettre seulement à l'acheteur
la possession précaire de la chose ; de cette façon, il en
conservait indéfiniment la propriété et même la possession civile. Propriétaire, il pouvait revendiquer
envers et contre tous ; il avait de plus, à l'encontre de
l'acheteur, la ressource plus expéditive d'un moyen
possessoire, l'interdit *de precario*. Or cette clause fut
reçue dans les pays du Midi ; elle passa dans le style
des notaires et bientôt elle fut même toujours présumée
dans le silence des parties. Jusque-là, la pratique fran-
çaise ne s'écartait pas trop du droit romain ; mais on
alla plus loin, et on finit par voir dans le précaire la
concession d'une hypothèque spéciale et privilégiée. Je
ne puis mieux faire ici que de rapporter le témoignage
des auteurs des pays de droit écrit : « .... Lorsque le
« vendeur a délivré la chose vendue, dit Serres, et qu'il
« n'est pas payé du prix convenu ou qu'il lui en
« reste dû une partie, on lui accorde une *hypothèque*
« *spéciale et privilégiée* qui est appelée *précaire*, en
« vertu de laquelle il a droit de faire saisir le fonds par
« lui vendu et de le faire vendre, même séparément, si
« les biens de l'acheteur sont en distribution ; et sur le
« prix provenant de la vente, de se faire payer de ce
« qui lui reste dû tant en capital qu'intérêts par préfé-

« rence à tous les autres créanciers. La clause de *pré-*
« *caire* est insérée le plus souvent dans les contrats de
« vente des *immeubles*; mais quand même elle y serait
« omise, elle est toujours sous-entendue et suppléée ; et
« cette clause est différente du précaire en usage chez
« les Romains, qui empêchait la translation de pro-
« priété, au lieu que celle-ci ne l'empêche pas (Inst., II,
« § 41). » — Et Despeisses rapporte : « Aujourd'hui
« cette clause n'empêche pas la translation de propriété
« et n'opère qu'une hypothèque spéciale et privilégiée,
« en vertu de laquelle le vendeur a droit de faire
« vendre la chose sur laquelle il a ledit précaire »
(tit. I, sect. 6, n° 19). De là l'usage, dans le Midi de la
France, de dire encore aujourd'hui « placement par
« précaire et première hypothèque » pour désigner un
placement assuré.

68. — Dans les pays de coutumes, nous ne trouvons
les droits du vendeur garantis par un droit de préférence sur le prix de la chose qu'au cas de vente de
meubles. Cette innovation fut l'œuvre de la jurisprudence. Plus tard, lors de la réforme de la coutume de
Paris en 1850, l'art. 177 la consacra législativement, ainsi que l'art. 458 de la coutume d'Orléans.
Et l'on finit par admettre « que le même droit de
« préférence pouvait être prétendu en ventes d'héri-
« tages et autres biens immeubles, bien que le vendeur
« n'eût point stipulé par le contrat l'hypothèque spé-
« ciale, laquelle était suppléée et sous-entendue »
(BRODEAU, *Cout. Paris*, art. 177, n° 6). — Dès lors, le
privilége du vendeur se trouve généralisé. Pothier nous
le dit expressément dans son traité des hypothèques :
« entre les créanciers d'un même propriétaire, celui

« qui lui a vendu l'héritage doit être préféré à tous les
« autres créanciers .... ce que nous disons de la vente
« peut s'appliquer à tous les autres contrats d'aliéna-
« tion. » Ce droit est qualifié d'hypothèque privilégiée
(ch. II, sect. 3).

DROIT CIVIL MODERNE

----

69. — Les rédacteurs du Code civil ont su profiter
des travaux de leurs devanciers sur la matière qui nous
occupe, et ils ont garanti de la manière la plus efficace
et la plus complète les droits du vendeur d'immeubles
non payé. Leur système, quoique puisant son origine
dans la législation romaine, est plus simple et mieux
coordonné que le système romain ; il tient compte des
innovations heureuses de notre ancienne jurisprudence
et il harmonise le tout avec les nouveaux principes
admis par notre droit.

70. — Nous ne trouvons plus maintenant pour garantir le vendeur d'immeubles non payé que le *droit de
rétention*, le *droit de résolution* et le *privilége*. Le *droit
de revendication* a disparu ; car de nos jours la propriété se transfère par le seul consentement des parties
« et elle est acquise de droit à l'acheteur à l'égard du
» vendeur, dès qu'on est convenu de la chose et du prix,
« quoique la chose n'ait pas encore été livrée ni le prix
« payé » (art. 1583).

Etudions successivement chacun des droits du vendeur d'immeubles non payé.

CHAPITRE PREMIER

Du droit de rétention

71. — En principe, la vente impose au vendeur l'obligation de délivrer la chose vendue (art. 1603). Mais cette obligation se trouve suspendue momentanément dans certains cas pour des motifs tirés de la nature même de la convention ; c'est précisément dans ces hypothèses que prend naissance *le droit de rétention*. En effet, lorsque le contrat donne naissance à des obligations réciproques et que les parties n'ont pas fixé l'époque de leur exigibilité, l'exécution doit de part et d'autre s'en faire simultanément ; car l'un des contractants ne peut être forcé à remplir son engagement avant que l'autre n'accomplisse le sien, de telle sorte que l'inexécution d'un côté empêche l'exigibilité de l'obligation correspondante. Tel est le motif qui justifie le droit de rétention accordé au vendeur non payé par les art. 1612 et 1613 ainsi conçus : « Le vendeur n'est pas tenu de délivrer la chose, si l'acheteur n'en paie pas le prix, et que le vendeur ne lui ait pas accordé un délai pour le paiement. » — « Il ne sera pas non plus obligé à la délivrance, quand même il aurait accordé un délai pour le paiement, si, depuis la vente, l'acheteur est tombé en faillite ou en état de déconfiture, en sorte que le vendeur se trouve en

danger imminent de perdre le prix ; à moins que l'acheteur ne lui donne caution de payer au terme. »

72. — Les rédacteurs du Code, suivant pas à pas les traditions romaines, ont donc consacré le droit de rétention au profit du vendeur d'immeubles non payé. Nous devons rechercher par conséquent à quelles conditions le vendeur peut invoquer ce droit, c'est-à-dire dans quels cas cette ressource lui est accordée. A cet égard, les textes distinguent deux hypothèses : 1° aucun terme n'a été accordé pour le paiement du prix ; 2° un terme a été accordé. Examinons-les successivement.

73. — I. *Aucun terme n'a été accordé pour le paiement du prix.* — C'est le cas prévu par l'art. 1612. Le droit de rétention est légitime ; car l'obligation de l'acheteur de payer le prix correspondant à l'obligation du vendeur d'opérer la délivrance, il est conforme à l'intention des parties qu'elles soient remplies toutes deux simultanément.

C'est une sorte de gage que la loi donne ici au vendeur non payé ; d'où il résulte que l'acheteur doit payer la totalité du prix pour que le droit de rétention cesse d'exister ; jusqu'à ce que le prix soit payé intégralement, le vendeur peut exercer ce droit. De même, peu importe la nature intrinsèque de la chose vendue : fût-elle aisément divisible, le vendeur ne serait pas tenu d'en délivrer une partie correspondant à la partie du prix qui lui serait offerte, il exercerait son droit de rétention sur la totalité. Dans le même ordre d'idées, on décide encore que si l'acheteur venait à mourir avant l'exécution du contrat, laissant plusieurs héritiers, l'un d'eux ne serait pas recevable à demander la délivrance de sa part dans la chose vendue en offrant le paiement de sa part du prix. On objecte, il est vrai, que le prix est une dette de la succession et que les dettes se divisent de plein droit entre les héritiers, aux termes de l'art. 1220 ; par conséquent un héritier n'est pas tenu de payer plus que sa part, et en la payant, il doit obtenir une partie de la chose. Mais cet argument est sans valeur ; car, dans l'intention des parties, la chose vendue a été envisagée comme indivisible activement et passivement ; c'est l'immeuble tout entier qui a été vendu par l'un et acheté par l'autre. Dès lors, il n'y a pas lieu d'appliquer la règle de la divisibilité, et l'art. 1220 ne peut être invoqué.

74. — II. *Un terme a été accordé pour le paiement.* — Il semble que, dans ce cas, le droit de rétention ne devait pas exister au profit du vendeur d'immeubles non payé ; et tout d'abord cette solution paraît conforme aux principes et à l'intention des parties. En effet, elle est conforme aux principes, car la rétention de la chose par le vendeur, malgré le crédit accordé à l'acheteur, serait un moyen indirect de forcer celui-ci à s'acquitter avant le terme, et violerait par conséquent la disposition de l'art. 1186, d'après lequel ce qui n'est dû qu'à terme ne peut être exigé avant l'échéance du terme. En outre, l'intention des parties commande cette décision, car le vendeur, en consentant à suivre la foi de l'acheteur, est censé avoir renoncé tacitement à la garantie du droit de rétention, et il ne lui est pas permis de revenir après coup sur sa renonciation.

75. — L'application pure et simple de ces règles aurait cependant paru trop rigoureuse dans certaines hypothèses ; aussi l'art. 1613 s'en est-il écarté lorsque, depuis la vente, l'acheteur est tombé en fail-

lite ou en état de déconfiture. Cet article ne fait en cela qu'appliquer spécialement à la vente un principe général écrit dans l'art. 1188, d'après lequel « le débi-« teur ne peut plus réclamer le bénéfice du terme, « lorsqu'il a fait faillite ou lorsque par son fait il a « diminué les sûretés qu'il avait données par le con-« trat à son créancier. » L'art. 1613 ne reproduit pas la seconde cause de déchéance ; ce n'est pas à dire qu'il déroge à la règle de l'art. 1188, il ne fait qu'appliquer cette règle ; car, comme lui, il est fondé sur l'équité et a pour but d'empêcher le vendeur de perdre ; donc on doit appliquer toutes ses dispositions.

76. — En pratique, l'art. 1613 a soulevé quelques difficultés. Il n'accorde au vendeur à terme le droit de rétention que lorsque l'insolvabilité de l'acheteur est postérieure à la vente. Or on s'est demendé si, en cas contraire, ce droit existerait : ainsi, une personne vend à terme un immeuble à un failli ou à un indi-vidu en état de déconfiture, dans l'ignorance de leur position ; plus tard, quand elle la connaît, peut-elle invoquer le droit de rétention, pour ne pas faire déli-vrance ? La Cour de Paris a décidé l'affirmative, parce qu'on ne traite pas avec un failli, quand on con-naît la faillite (DALLOZ, 1856, II, 95). L'équité de cette décision est évidente, mais il est difficile de la motiver en droit, à moins qu'on ne suppose des manœuvres frauduleuses de la part du failli pour faire croire à sa solvabilité, ce que nous n'avons pas supposé. A notre avis, la convention faisant la loi des parties, le vendeur est tenu de faire délivrance, il ne peut invoquer la dis-position de l'art. 1613, parce que ce texte ne s'applique qu'à la vente antérieure à la faillite ou à la déconfiture.

En dehors de ce cas, il faut revenir aux principes que consacre l'art. 1134.

Il est certain que des craintes vagues sur la solvabilité de l'acheteur qui jouit d'un terme, n'autorisent pas le vendeur à user du droit de rétention ; cependant on a prétendu que, quand elles deviennent sérieuses et sont fondées en réalité, le vendeur peut se refuser à faire délivrance. Ainsi, par la faillite d'un tiers, l'acheteur qui a endossé des lettres de change tirées par le failli est exposé au recours des porteurs pour des sommes excédant ses ressources. Dans ce cas, le vendeur jouit du droit de rétention. Cette théorie a été consacrée par un arrêt de la Cour d'Alger, qui a fait le raisonnement suivant : Le caractère commun des cas indiqués par l'art. 1613, dans lesquels le vendeur jouit du droit de rétention, est le danger que court celui-ci de perdre le prix. Or ce danger existe, quand l'insolvabilité de l'acheteur est imminente. Donc, en s'inspirant de l'esprit de la loi, il faut mettre ce cas sur la même ligne que les précédents et décider que le droit de rétention peut être invoqué. Cet arrêt a été cassé, et avec raison, par la Cour de cassation. En effet, le danger dont parle l'art. 1613 se manifeste non par des circonstances abandonnées à l'appréciation du juge, mais par celles mêmes que le législateur a déterminées limitativement. On ne peut les étendre par analogie sans empiéter sur le domaine de la loi, car elles dérogent à un principe d'après lequel les conventions, une fois faites, tiennent lieu de loi aux parties et ne peuvent être révoquées que de leur consentement mutuel ou pour les causes que la loi autorise. Donc, en dehors d'elles, il ne peut y avoir place à un droit de rétention (DALLOZ, 1870, I. 27).

CHAPITRE II

Du droit de résolution

77. — Les rédacteurs du Code civil, imbus pour la plupart des doctrines coutumières, ont donné une large place dans leur œuvre à l'action en résolution qui avait pris naissance dans la jurisprudence des Parlements. Abandonnant avec raison les scrupules de nos anciens jurisconsultes, ils ont généralisé et élevé le droit de résolution à la hauteur d'un principe scientifique dominant toutes les matières du droit. Ce principe, c'est celui de la condition résolutoire tacite sous-entendue dans les contrats synallagmatiques et même, d'après des auteurs, dans tous les contrats à titre onéreux. L'art. 1184 qui le consacre s'exprime ainsi : « La condition résolutoire est toujours sous-entendue dans les contrats synallagmatiques pour le cas où l'une des deux parties ne satisfera point à son engagement. » En ce qui concerne spécialement la vente, nous trouvons l'art. 1654 qui en fait l'application au vendeur non payé : « Si l'acheteur ne paie pas le prix, le vendeur peut demander la résolution de la vente. »

78. — Quel est le fondement de ce droit de résolution ? M. Demolombe (*Des contrats*, II, n° 489), répondant à cette question, s'exprime de la façon suivante : « D'une part, dans les contrats synallagmatiques, « l'obligation de l'une des parties étant la cause de

« l'obligation de l'autre, il en résulte que si l'une d'elles
« ne remplit pas son obligation, l'obligation de l'autre
« cesse par là même d'avoir une cause ; de sorte que
« la condition résolutoire tacite devient une consé-
« quence logique des *principes relatifs à la cause dans*
« *les obligations conventionnelles*; et c'est bien sous
« cet aspect, que les jurisconsultes romains l'avaient
« eux-mêmes considérée dans les contrats innomés,
« en accordant à la partie envers laquelle le pacte
« n'était pas exécuté une *condictio ob causam dati, causa*
« *non secuta.*

« D'autre part, à interroger la commune intention
« des parties, n'est-il pas vraisemblable qu'elles n'ont
« voulu réciproquement s'obliger, l'une envers l'autre,
« que sous la condition, en effet, que de chaque côté
« les obligations réciproques seraient exécutées ? »

Ces motifs sont-ils exacts ? Faut-il donner comme
bases au droit de résolution du vendeur les principes
de la cause dans les obligations conventionnelles et
l'intention commune des parties ? — D'abord, en ce
qui concerne l'intention des parties, il me paraît certain et incontestable qu'elle sert de base au droit de
résolution du vendeur. En effet, il est bien évident que
celui-ci ne vend sa chose que parce que l'acheteur lui
en paie le prix. Or, ce dernier, en contractant, accepte
cette situation. Par conséquent, s'il paie le prix, le
vendeur est tenu de remplir ses obligations ; mais s'il
ne le paie pas, l'acheteur ne peut s'opposer à ce que
la résolution de la vente soit prononcée, car il n'exécute pas le contrat. Donc le droit de résolution repose
sur la volonté réciproque des parties.

Mais, d'un autre côté, on ne saurait l'envisager

comme une conséquence des principes qui régissent la cause. En effet, la cause est un élément essentiel des conventions ; là où il n'y a pas de cause, il n'y a pas de contrat ; mais la cause existe dès qu'il y a des obligations corrélatives, alors même que ces obligations ne seraient pas remplies : le créancier n'a-t-il pas son action pour forcer le débiteur à remplir ses engagements ? Cela suffit pour qu'il y ait cause, aux termes des art. 1131 et suiv. Il n'est donc pas exact de dire que lorsque l'acheteur ne paie pas le prix, l'obligation du vendeur n'a point de cause ; le vendeur a une action, et qui mieux est, une action munie d'un privilége ; il peut forcer l'acheteur à exécuter son engagement, et lui, de son côté, doit remplir le sien. Tels sont les principes. Ce que M. Demolombe présente comme un motif de droit n'est, au fond, qu'une considération d'équité. Comme le dit fort bien Pothier (*Vente*, 476), ce qui motive le droit de résolution du vendeur non payé, ce sont des raisons d'utilité pratique. On aurait compris que le vendeur eût seulement le droit de poursuivre, en vertu du contrat, l'exécution des obligations qui en dérivent ; d'où, si l'acheteur ne payait pas le prix, le vendeur aurait saisi ses biens et les aurait fait vendre pour se payer. Et c'est précisément ce que la loi décide dans un cas où le droit de résolution n'existe pas (art. 1978). Mais ce procédé entraîne de grands frais, il est trop lent, et le vendeur, en le suivant, court le risque de perdre à la fois la chose et le prix. De là l'origine du droit de résolution qui lui permet sûrement, et avec moins de frais, de recouvrer l'immeuble vendu.

Nous concluons donc que dans notre législation le

droit de résolution du vendeur a pour base l'intention des parties et l'équité.

79. — Entrons maintenant dans l'examen du fonctionnement de cette action. Pour l'étudier d'une façon complète, nous la prendrons à sa naissance, nous la suivrons dans les diverses phases de la procédure, nous en verrons les effets quand elle a abouti, et enfin nous exposerons les fins de non-recevoir qu'on peut lui opposer et comment elle s'éteint.

80. — Notre étude sera divisée en trois sections :

I. — Conditions d'exercice du droit de résolution.

II. — Comment la résolution opère et quels en sont les effets ?

III. — Comment elle s'éteint ?

SECTION PREMIÈRE

Conditions d'exercice du droit de résolution

81. — L'art. 1654 exige deux conditions. Il faut : 1° une vente ; 2° dans laquelle le prix ne soit pas payé.

82. — I. *Il faut une vente.* — Dans la vente d'immeubles, il n'est pas douteux que le droit de résolution existe, car l'art. 1654 ne fait pas de distinction selon la nature de la chose vendue, et permet d'une manière générale de faire prononcer la résolution en cas de non-paiement du prix. En outre, les art. 1655 et 1656, développant le principe, s'occupent précisément de la résolution de cette vente et en réglementent les dé-

tails ; dès lors, ils impliquent nécessairement que la résolution est possible.

Nous appliquerons ces principes à toutes les ventes d'immeubles faites à l'amiable. Mais que faut-il décider en matière de ventes forcées ? Le droit de résolution existe-t-il en cas de non-paiement du prix dans une adjudication sur saisie immobilière ? Il semble, à première vue, que rien ne devrait s'opposer à ce que l'adjudication fût résolue. Cependant il n'en est pas ainsi ; et le législateur a imaginé, dans ce cas, la folle enchère réglementée par les art. 733 à 740 du Code de procédure. La loi vient ainsi au secours des créanciers saisissants et leur donne des moyens prompts et efficaces de parvenir à la réalisation de leurs droits, que la mauvaise foi ou l'impuissance d'un adjudicataire insolvable menacent de retarder. Cet adjudicataire est un fol enchérisseur, il a pris follement des engagements qu'il ne peut remplir. — L'immeuble, après une procédure très courte, sera revendu sur sa folle enchère, et le prix distribué entre les créanciers. Ce procédé est rapide et atteint mieux que la résolution le but des créanciers qui est de se faire payer. — Observons que la folle enchère existe pour la vente des biens de mineurs (art. 988, C. proc.), pour la vente des biens provenant d'une succession vacante (art. 1001, *ibid.*) ou d'une faillite (art. 572, C. com.).

83. — II. *Défaut de paiement du prix.* — Le prix comprend tout ce que l'acheteur doit débourser pour entrer en possession et jouissance du bien vendu. Ainsi rentrent sous cette dénomination le capital représentatif de la valeur du bien transmis, les intérêts de ce capital et les prestations accessoires, soit en na-

ture, soit en argent, convenues entre les parties. L'acheteur devant payer le prix intégralement, il en résulte que la résolution est possible tant que la totalité de ce qui est dû n'a pas été payée.

A cet égard, aucune difficulté ne surgit quand le prix est un capital exigible, c'est la somme fixée qui doit être payée. Mais si le prix consiste en une rente viagère, la circonstance que les arrérages n'en seront pas payés pendant une ou plusieurs années, donne-t-elle ouverture au droit de résolution ? L'art. 1978 statue sur cette hypothèse dans les termes suivants : « Le seul défaut de paiement des arrérages de la rente n'autorise point celui en faveur de qui elle est constituée à rentrer dans le fonds par lui aliéné ; il n'a que le droit de saisir et de faire vendre les biens de son débiteur, et de faire ordonner ou consentir, sur le produit de la vente, l'emploi d'une somme suffisante pour le service des arrérages ».

Ainsi la loi n'autorise pas la résolution, elle permet seulement au créancier, le vendeur, de prendre des mesures pour l'exécution du contrat. Pourquoi cette dérogation aux principes ? Quelle en est la raison ? Elle s'explique par l'intention des parties. Quand une rente viagère est constituée, un des bénéfices du contrat pour le débit-rentier est de servir la rente le moins longtemps possible. Or, quand les arrérages ont été payés pendant plusieurs années, l'époque à laquelle ils ne seront plus exigibles approche, et le débit-rentier a toujours le droit d'en continuer le paiement pour acquérir définitivement le capital à la mort du crédit-rentier. Par conséquent, au cours de la rente, la résolution ne peut être prononcée, car elle ne replacerait pas les parties dans la même situation qu'avant la conclusion du contrat.

Toutefois les parties sont libres de déroger à ces règles et de manifester une intention contraire à celle que la loi leur suppose. Ainsi il a été décidé que si une vente d'immeubles a été faite moyennant une rente viagère, avec condition expresse qu'à défaut de paiement des arrérages, la vente sera résolue de plein droit après simple commandement, sans aucun recours de l'acquéreur débiteur de la rente, pour ce qu'il pourrait avoir payé, la clause résolutoire doit, le cas échéant, avoir tout son effet, car il n'y a rien dans cette convention de contraire à l'ordre public et aux bonnes mœurs.

Supposons que le prix de l'immeuble consiste en une rente perpétuelle, la résolution du contrat est-elle possible si le débit-rentier ne paie pas les arrérages? On a prétendu que la résolution ne pouvait être prononcée, qu'il fallait appliquer l'art. 1912-1°, aux termes duquel le défaut de paiement des arrérages ne donne pas lieu à la résiliation de la vente, mais seulement au remboursement du capital, à la condition que l'acheteur ait cessé de servir les arrérages pendant deux années continues (DURANTON, XVI, n° 370). Mais la jurisprudence et la plupart des auteurs n'ont pas admis avec raison cette théorie.

En effet, le contrat qui nous occupe n'a rien d'aléatoire, car les arrérages ne sont autre chose que l'intérêt du capital aliéné. Dès lors, on ne voit pas pourquoi la résolution ne pourrait être prononcée, aux termes de l'art. 1654. Du reste, l'art. 530, qui statue précisément sur ce cas, ne fait pas de restriction en ce qui concerne le droit de résolution, il ne renvoie pas à l'art. 1912 ; donc il laisse la rente sous l'empire des principes généraux en matière de résolution, et c'est l'art. 1654 qu'il faut appliquer et décider que la résiliation du contrat peut être demandée dès que le débitrentier est en défaut de payer les arrérages, sans qu'on soit obligé d'attendre deux années.

Cependant il se présente un doute quand le prix de l'immeuble fixé en une somme d'argent est converti en rente perpétuelle : n'y a-t-il pas, dans ce cas, novation ? S'il y avait novation, la résolution du contrat primitif ne pourrait plus être demandée, puisque ce contrat n'existerait plus ; il n'y a plus de créance d'un prix, donc il ne peut être question de demander la résolution pour défaut de paiement du prix. On voit où est la difficulté. Pour la résoudre, on fait une distinction. Si c'est par le contrat de vente que le prix est converti en rente, il n'y a pas de novation, car si le contrat fixe le prix en une somme capitale, c'est uniquement pour pouvoir calculer le montant de la rente, en déterminer le taux de constitution, et le capital qui, en cas de rachat, devrait être remboursé. Mais si le contrat se borne à stipuler une somme à titre de prix, et que plus tard les parties conviennent que cette somme sera remplacée par une rente de tant par an, il y a novation par changement d'objet, et la résolution n'est plus possible.

SECTION II

Comment la résolution opère-t-elle?

84. — La réponse à cette question est complexe. Nous examinerons successivement les points suivants : 1º Droit d'option du vendeur, et comment il s'exerce. — 2º Qui peut intenter l'action en résolution? — 3º Contre qui et devant quel tribunal est-elle demandée? — 4º Quels sont les pouvoirs du juge? — 5º Quels sont les effets produits par le jugement prononçant la résolution?

85. — I. *Du droit d'option du vendeur, et comment il s'exerce?* — Le vendeur d'immeubles non payé a un choix ; il peut ou poursuivre l'exécution du contrat et réclamer le paiement du prix, ou en demander la résolution et recouvrer sa chose. Nous savons qu'en droit romain, où l'on interprétait rigoureusement le pacte commissoire, l'exercice de l'une de ces actions impliquait renonciation au droit d'exercer l'autre. En est-il encore de même chez nous? Le vendeur renonce-t-il à l'un de ses droits en exerçant l'autre? — Supposons qu'il commence par demander l'exécution de la vente et le paiement du prix ; dans ce cas, le doute n'est guère possible. Aussi enseigne-t-on généralement qu'il conserve son choix, c'est-à-dire que si l'acheteur ne paie pas le prix, le vendeur pourra intenter l'action résolutoire. La raison de cette décision est très simple. Il est clair, en effet, que le droit principal du vendeur non payé est le droit à l'exécution, c'est pour cela qu'il a vendu son immeuble; le droit de résolution n'est que subsidiaire dans l'intention des parties et de la loi, il n'est exercé qu'à défaut de paiement du prix. Il n'y a donc rien d'étonnant à ce que ce paiement soit d'abord demandé, pour recourir ensuite à la résolution, faute de ne pouvoir obtenir l'exécution du contrat.

Au contraire, si le vendeur commence par demander la résolution, pourra-t-il encore poursuivre l'exécution? L'affirmative me paraît certaine, quoique la question soit controversée. En effet, il est incontestable que le vendeur peut d'abord intenter l'action résolutoire; car, aux termes mêmes des art. 1184 et 1654, il suffit qu'il soit constant que l'acheteur ne satisfait pas à son engagement, pour que ce droit soit ouvert au vendeur; on ne lui impose aucune formalité préliminaire. Dès lors, le cas échéant, il peut l'exercer. Mais quand il le fait, manifeste-t-il par là l'intention de renoncer à l'exécution du contrat? Nullement; s'il demande la résolution, c'est qu'il lui est impossible de se faire payer; on ne peut induire de cela qu'il renonce au droit de contraindre l'acheteur à remplir ses obligations. Si donc, dans le cours de l'action en résolution, il aperçoit des chances d'obtenir son paiement, pourquoi ne pourrait-il pas abandonner l'action et poursuivre l'exécution du contrat? On ne voit pas de motif pour le lui refuser; car, en définitive, l'acheteur est en faute de n'avoir pas rempli ses engagements; et d'un autre côté, il n'y a pas à craindre que ce moyen permette au vendeur de revenir sur un contrat désavantageux par lui conclu et exécuté, puisque l'acheteur, en payant avant le jugement, fait maintenir la vente.

On objecte, il est vrai, ce vieil adage : « Electa una

via, non datur recursus ad alteram ». Mais l'objection
ne porte pas. Cet adage suppose évidemment que les
deux voies de recours sont contradictoires, c'est-à-dire
que le créancier ne peut suivre l'une qu'en renon-
çant à l'autre. En raison, on ne saurait le justifier par
un autre motif. Or ce motif ne reçoit pas d'application
au cas dont il s'agit ; puisque le vendeur, en exerçant
en premier lieu la résolution, ne renonce pas par cela
même à demander plus tard l'exécution de la vente.
Donc l'objection est sans fondement.

86. — Dans le même ordre d'idées, un cas embar-
rassant s'est présenté en jurisprudence. Un ordre est
ouvert pour la distribution du prix de revente de
l'immeuble, le vendeur originaire non payé produit
à cet ordre sans faire de réserves, demandant purement et simplement le paiement de son prix ; puis, se
ravisant, il veut poursuivre la résolution du contrat
primitif ; le peut-il ou doit-on induire qu'il a renoncé
à son droit d'option ?

Dans une première opinion, on soutient que le droit
d'option est perdu et l'on raisonne ainsi : En se présentant à l'ordre, le vendeur fait un acte qui équivaut
à une ratification implicite de la revente faite par son
acheteur ; il approuve tacitement la transmission de
la propriété entre les mains d'un tiers et s'interdit
par conséquent le droit de venir ensuite troubler le
nouvel acquéreur en demandant la résolution. D'ailleurs, la bonne foi s'oppose à ce que le tiers acquéreur,
qui a mis les deniers en distribution, soit inquiété par
celui-là même qui a ratifié cet acte par sa présence et
son concours à l'ordre. — Cette solution ne me paraît
pas satisfaisante.

En effet, peu importe que le vendeur cherche à se faire payer par son acheteur immédiat ou par un sous-acquéreur ; dans l'un et l'autre cas, il ne réclame jamais que ce qui lui est dû. Or, nous le savons, l'action principale du vendeur tend à obtenir le paiement du prix, l'exécution de la vente ; car c'est dans ce but qu'il a contracté. L'action en résolution n'est qu'un moyen extrême et subsidiaire pour l'empêcher de ne pas perdre. Donc, la logique veut qu'il demande d'abord le paiement du prix, et s'il voit qu'il ne peut l'obtenir, qu'il poursuive la résolution. Tels sont les principes.

On prétend qu'en se présentant à l'ordre le vendeur primitif a ratifié la revente et approuvé tacitement la transmission de propriété au profit du nouvel acquéreur. Mais il est évident que ces conséquences sont exagérées. On ne peut induire de la production à l'ordre que ceci, à savoir : que le vendeur a voulu d'abord faire exécuter le contrat, ce qui est son droit ; mais, après avoir constaté l'impossibilité d'y arriver, il est bien forcé d'avoir recours à la résolution, ce que la loi lui permet également. Par conséquent, en agissant ainsi, il s'est conformé exactement à la loi. — Quant à la mauvaise foi dont se plaint le sous-acquéreur, elle n'existe pas, puisqu'il doit savoir que tant que le prix n'est pas payé au vendeur originaire, le contrat primitif peut être résolu.

Cette doctrine a été consacrée par un arrêt de la Cour de cassation dans les termes suivants : « .....Le créancier à qui son titre donne tout à la fois l'action hypothécaire et l'action résolutoire, n'est pas présumé renoncer à celle-ci parce qu'il exerce la première ;.....

s'il donne la préférence à l'action hypothécaire, c'est sous la condition sous-entendue que cette action sera efficace ; que si, contre son attente, sa demande en collocation est écartée, il reprend alors l'exercice de l'action résolutoire qu'il n'avait pas abandonnée, et dont l'exercice seul était suspendu jusqu'à l'issue de la procédure d'ordre » (SIR., 57, I, 60 ; DAL., 56, I, 256).

87. — II. *Qui peut intenter l'action en résolution ?* — Il faut placer en première ligne le vendeur non payé, puis ses créanciers par application de l'art. 1166, enfin ses héritiers ou ayants-cause universels ou à titre universel. Tout le monde est d'accord sur ces divers points, mais sur les questions suivantes, la controverse commence.

88. — Supposons le vendeur mort laissant plusieurs héritiers ; la créance du prix de vente d'un immeuble parfaitement partageable se trouve dans sa succession. Ce prix n'étant pas payé, l'action en résolution est nécessairement ouverte. Il s'agit de savoir si l'un des héritiers peut demander d'une manière divisible, et pour sa part et portion seulement, la résolution de la vente consentie et la restitution de l'immeuble en partie. Je crois cela possible.

En effet, si l'action résolutoire est intentée, c'est qu'une somme d'argent due pour cause de vente n'a pas été payée : or il est de principe que les dettes se divisent entre les héritiers du débiteur ou du créancier ; donc la résolution peut être demandée pour partie par l'un quelconque des héritiers, et ce dernier obtiendra une partie seulement de l'immeuble vendu. — Des auteurs n'ont pas voulu admettre cette solution, et ils ont prétendu qu'il fallait appliquer ici par analogie l'art. 1670, aux termes duquel l'acheteur à réméré peut exiger que tous les cohéritiers du vendeur soient mis en cause si l'un d'eux veut exercer le réméré, afin de se concilier entre eux pour la reprise de l'héritage entier ; faute de quoi, il doit être renvoyé de la demande. En outre, ils ont ajouté que leur opinion était conforme à l'intention des parties, du vendeur comme de l'acheteur, qui ont voulu tous deux vendre et acheter l'immeuble tout entier.

Pour mon compte, je ne crois pas qu'on doive faire en cette hypothèse l'application de l'art. 1670. En effet, dans ce texte on suppose que l'acheteur poursuivi par les héritiers du vendeur leur demande l'exécution pure et simple du contrat de réméré, d'après lequel on doit payer la totalité du prix et les frais pour recouvrer l'immeuble tout entier. Alors il est naturel que l'on tienne compte de l'intention des parties et que cette volonté s'impose à leurs héritiers. Mais, dans notre hypothèse, il ne s'agit pas de poursuivre l'exécution d'un contrat, d'une convention, il est question de la résolution d'une vente ; on n'a pas à tenir compte de la volonté de l'acheteur qui veut conserver ou perdre l'immeuble tout entier, puisque cet acheteur est en faute en ne payant pas le prix et fait ainsi anéantir le contrat. S'il veut éviter les inconvénients de notre solution, qu'il exécute les obligations que la vente lui impose en payant le prix intégralement.

89. — L'action en résolution n'est pas inhérente à la personne du vendeur : il peut la transmettre, la céder ; par suite, ses divers cessionnaires à titre gratuit ou

onéreux en jouiront comme lui ; ils l'exerceront et la feront valoir dans les mêmes conditions. Aucune difficulté, quand c'est l'action elle-même qui est cédée. Mais voici un point qui a soulevé des doutes : le vendeur cède simplement sa créance du prix de vente. Cette cession emporte-t-elle cession de l'action en résolution au profit du cessionnaire? La question se pose sur l'article 1692 décidant que la vente ou cession d'une créance comprend les *accessoires* de la créance, tels que caution, privilége et hypothèque.

D'après des auteurs, l'action en résolution ne peut être regardée comme un accessoire de la créance ; car elle en est au contraire la négation la plus formelle, puisqu'elle implique la renonciation du créancier au droit de réclamer le prix. On ne peut donc prétendre que la cession de la créance, c'est-à-dire du droit de réclamer le paiement du prix de l'immeuble, implique la transmission de l'action en résolution. En outre, la créance est une chose mobilière et l'action en résolution est immobilière. On ne peut présumer, en présence de la nature si différente de ces droits, que la cession pure et simple de l'un entraîne le transport de l'autre. Donc que l'on envisage le but de l'action en paiement et de l'action résolutoire ou la nature de chacune d'elles, on voit qu'elles sont complètement différentes, et par conséquent la transmission de l'une seule est sans influence sur l'acquisition de l'autre.

Pour mon compte, je ne crois pas devoir adopter cette opinion. En effet, je remarque que l'action en résolution est bien un *accessoire* de la créance du vendeur, en ce sens qu'elle constitue le moyen le plus efficace de contraindre le débiteur à exécuter ses engagements, par la crainte qu'il a de se voir enlever le bénéfice de l'opération et les éventualités de la plus-value future de l'immeuble. Donc elle est transmise avec la créance (art. 1692). De plus, ces deux actions sont étroitement unies et liées ensemble. Au point de vue de leur origine, cela est incontestable, le droit de résolution prend naissance en même temps que le droit de créance ; sans créance du prix, pas de résolution possible : mais dès qu'il y a créance du prix, la résolution est possible ; il y a donc un lien entre elles à ce point de vue. De même, si l'on envisage leur fonctionnement, on voit que le législateur les considère comme inhérentes l'une à l'autre. En effet, l'art. 1184 permet à l'acheteur d'une manière absolue, en payant le prix, d'arrêter la résolution. Or cette faculté implique nécessairement comme conséquence que l'action en résolution suit le transport de la créance, sans quoi on ne comprendrait pas que le paiement éteignît entre les mains d'une personne un droit qu'elle n'a pas.

Je conclus donc que la cession de la créance emporte, au profit du cessionnaire, le droit d'exercer l'action en résolution, si le prix n'est pas payé par l'acheteur.

90. — III. *Contre qui et devant quel tribunal la résolution est-elle poursuivie?* — Une distinction est nécessaire : ou l'action n'intéresse que l'acheteur originaire, ou elle intéresse d'autres personnes, par exemple un ou plusieurs sous-acquéreurs.

91. — En premier lieu, supposons que l'action résolutoire soit intentée contre l'acheteur en possession de l'immeuble vendu. Incontestablement cela est possible, et l'acheteur ou ses représentants défendront valablement à la poursuite. Aucune difficulté ne peut surgir de ce chef. Mais devant quel tribunal l'action doit-elle être portée? Pour répondre à la question, il faut déterminer la nature de l'action en résolution. A s'attacher à son origine et aux faits juridiques qui lui donnent naissance, cette action est *personnelle*, puisqu'elle naît de l'inexécution d'un contrat; par conséquent, il faut suivre la maxime *actor sequitur forum rei*, c'est le tribunal du domicile du défendeur, et à son défaut de sa résidence, qui est compétent; au contraire, si on envisage le résultat de l'action, on voit qu'il est analogue à celui de la revendication, puisqu'elle permet au vendeur de recouvrer sa chose. Dès lors, elle se rapproche de *l'action réelle*. Par conséquent cela suffit pour que nous disions que nous sommes en matière mixte : d'où deux tribunaux sont compétents, celui de la situation de l'immeub! et celui du domicile du défendeur (art. 59, § 3, C. proc.).

Nous disons avec raison matière mixte, et non action mixte ; car il ne faudrait pas croire qu'une action peut être tout à la fois réelle et personnelle ; elle est nécessairement l'un ou l'autre. Ces deux caractères s'excluent. Ces principes sont certains et incontestables. A Rome, l'action était personnelle quand l'*intentio* contenait le nom du défendeur, et réelle au cas contraire. Or il est impossible que tout à la fois le nom du défendeur figure dans l'*intentio* et n'y figure pas.

Comment se fait-il donc que nous rencontrions chez chez nous des actions mixtes ? L'origine s'en trouve dans le fameux § 20 aux Institutes *(De actionibus)*, qui nous en cite trois : les actions *familiæ erciscundæ, communi dividundo, finium regundorum* ; et nos an-

ciens auteurs, Furgole, Loyseau, Pothier, en ont com-
plété la liste en s'inspirant des caractères de person-
nalité et de réalité réunis que présentent, à leur avis,
d'autres actions, telles que les actions en réméré, en
rescision, en résolution (POTH., *Introd. générale aux
coutumes,* n° 121).

Les rédacteurs du Code de procédure ont suivi leurs
traces, et de là la décision que nous avons donnée
nous-même sur le caractère mixte de l'action en
résolution et la compétence spéciale qui la régit. Mais
remarquons-le bien, au nom des principes, l'action en
résolution est essentiellement personnelle, puisque le
droit de l'exercer résulte de l'inexécution d'une convention. En l'exerçant, le vendeur fait prononcer la
résiliation du contrat, et il recouvre ainsi la propriété
de sa chose. Il peut alors intenter l'action en revendication. De telle sorte que nous avons, en définitive, deux
actions et non une seule, l'une personnelle, intentée
contre l'acheteur, l'autre réelle, qui procède contre toute
personne en possession de la chose.

92. — En second lieu, supposons que la résolution
doive exercer son influence contre un sous-acquéreur
ayant acquis l'immeuble de l'acheteur originaire. Si
nous appliquons ici les principes exposés dans l'espèce précédente, nous arrivons aux conclusions suivantes : l'obligation, contractée par l'acheteur primitif
de payer le prix de vente, n'engendre qu'une action
personnelle, impuissante contre le sous-acquéreur resté
étranger à la vente primitive. Celui-ci ne peut être
poursuivi qu'à raison de la chose qu'il a acquise, quand
il la détient ; et il doit la restituer, si le titre en vertu
duquel elle lui a été transmise vient à être résolu ;

l'action intentée contre lui est alors la revendication. Or, pour revendiquer, il faut être propriétaire. Donc le vendeur originaire doit d'abord, par l'action personnelle, faire prononcer contre son acheteur immédiat la résolution de la vente, et, cela fait, alors qu'il est propriétaire, il agit en revendication contre le sous-acquéreur.

Mais ici nous rencontrons un obstacle : le tiers acquéreur poursuivi en revendication de l'immeuble va répondre au vendeur originaire : « Ce jugement de résolution que vous invoquez contre moi, jé ne le connais pas, il a été rendu hors ma présence, je n'ai pas été mis en cause dans l'instance, vous ne pouvez me l'opposer. » Un nouveau procès devient donc nécessaire, sans quoi la revendication ne peut procéder efficacement contre le sous-acquéreur. Pour l'éviter, il suffit que le vendeur originaire, en même temps qu'il poursuit la résolution contre son acheteur, mette en cause le sous-acquéreur de l'immeuble, pour le lier à l'instance, de telle sorte que le même jugement prononcera tout ensemble sur la résolution des droits de l'acquéreur et sur la résolution de ceux du sous-acquéreur, en un mot, sur l'exercice de l'action personnelle et de l'action en revendication. Ces principes me paraissent évidents. Cependant la jurisprudence n'en a pas toujours fait l'application, et dans un arrêt du 12 février 1844, la Cour de cassation qualifie le droit du vendeur non payé de *droit réel* (SIREY, 44, II, 115) ; d'où elle conclut que celui-ci peut poursuivre directement le sous-acquéreur sans être obligé de faire prononcer d'abord la résolution du contrat. Cela est inexact ; car le droit réel dont parle la Cour de cassation ne peut être que le droit de propriété : or, pour que le vendeur redevienne propriétaire, il faut évidemment que le contrat soit préalablement résolu. Par conséquent la nécessité de la procédure que nous indiquons s'impose absolument. Il faut croire qu'en pratique elle est généralement suivie, car sans cela la jurisprudence trouverait vite une occasion de rétablir les vrais principes.

Il est cependant un cas où le vendeur originaire pourrait actionner directement le sous-acquérer ; ce serait possible si, par une clause de la revente, ce dernier avait été chargé par son vendeur de payer son prix en l'acquit de celui-ci entre les mains du vendeur originaire. Or, cette stipulation est valable, aux termes de l'art. 1121, qui ajoute qu'elle ne peut plus être révoquée, lorsque le tiers au profit duquel elle a été faite a déclaré vouloir en profiter. C'est donc en vertu de l'obligation principale, dont le sous-acquéreur se trouve ainsi tenu envers lui, que le vendeur originaire peut l'actionner directement en résolution de la première vente, *omisso medio*.

93. — Que faut-il décider quand l'acheteur a constitué une hypothèque sur l'immeuble vendu ? Le vendeur originaire agissant en résolution contre son acheteur, doit-il mettre en cause le créancier hypothécaire ? La doctrine et la jurisprudence sont divisées sur ce point.

Un grand jurisconsulte, Merlin, s'exprime ainsi : « Un créancier, même avec hypothèque spéciale, est nécessairement l'ayant-cause de son débiteur. C'est de son débiteur qu'il tire son droit. Il n'est créancier hypothécaire que parce que son débiteur lui a affecté ses biens ; mais en les affectant, il ne l'a rendu ni copropriétaire, ni usufruitier ; il ne lui a donné qu'un droit subordonné à sa propriété personnelle, et s'il vient à être jugé avec le débiteur que sa propriété n'existe pas ou qu'elle est dans le cas d'être résolue par l'effet d'une cause inhérente au titre même d'où elle dérive, alors il faut bien que l'hypothèque du créancier s'évanouisse avec elle : *resoluto jure dantis, resolvitur jus accipientis* » (*Répert.*, vº Opposition (tierce), § 2, art. 4). D'où l'on conclut qu'il n'est pas nécessaire de mettre en cause le créancier hypothécaire, quand on poursuit la résolution contre l'acheteur en faute de n'avoir pas payé le prix. L'acheteur représente le créancier, il est censé député par lui pour agir et défendre à l'action en résolution, et ce qui est jugé contre lui l'est contre le créancier hypothécaire. Donc ce dernier est obligé de subir cette décision si elle lui est défavorable. Cette argumentation, appuyée par l'autorité de Merlin, de Proudhon, a entraîné la jurisprudence, et la Cour de cassation en 1864 a de nouveau consacré cette doctrine (DAL., 65, I, 42).

A mon avis, le créancier hypothécaire, dont le titre est antérieur au jugement de résolution, doit être mis en cause dans cette instance pour que la décision du tribunal lui soit opposable et qu'il ne puisse invoquer l'art. 1351. En effet, l'hypothèque constitue un droit réel, qui comme tel fait partie du patrimoine du créancier, qui est distinct du droit de propriété et établi en quelque sorte par opposition à celui-ci. Or ce droit est garanti par une action particulière, dont le créancier hypothécaire jouit en son propre nom, et que le débiteur, c'est-à-dire l'acheteur, n'est jamais autorisé à exercer ; il en résulte que ce dernier ne peut compro-

mettre en justice le sort de ce droit. Que les créanciers chirographaires soient représentés par leur débiteur, cela se conçoit très bien ; car ils n'ont qu'un
droit de gage imparfait sur ses biens, gage qui suit
toutes les fluctuations de son patrimoine et laisse au
débiteur la libre administration de tous ses biens.
Mais en ce qui concerne les créanciers hypothécaires,
il en est autrement. Ils ont un droit réel sur la chose,
que le débiteur ne peut anéantir par des actes d'aliénation ; dès lors on doit les placer dans la même
classe que les sous-acquéreurs de la propriété, de l'u-
sufruit, ou de l'usage, pour lesquels on ne conteste pas
qu'il soit nécessaire de les mettre en cause. Donc nous
concluons que le créancier hypothécaire doit être lié
à l'instance en résolution de la vente pour que le jugement lui soit opposable. — M. Valette a très bien dé-
veloppé ce système en 1844 (*Revue de droit français
et étranger*, p. 27), et depuis des Cours l'ont adopté
(DAL., 50, I, 57 ; — 67, II, 101).

94. — Pour terminer, notons que dans ces derniers
cas, le tribunal compétent sera celui du domicile du
défendeur ou celui de la situation de l'immeuble.

95. — IV. *Quels sont les pouvoirs des juges devant
lesquels l'action est portée ?* — Il faut distinguer deux
hypothèses. Il peut se faire que les parties n'aient inséré dans la vente aucune convention particulière
touchant la résolution ; elles n'ont rien dit. Ou bien
elles ont ajouté au contrat un pacte commissoire
exprès.

96. — PREMIER CAS. — Le vendeur d'immeubles non
payé a le choix entre la résolution ou l'exécution du

contrat ; dès lors, il ne peut être question d'une résolution de plein droit de la vente ; car cette résolution
priverait la partie intéressée du droit de poursuivre
l'exécution du contrat, si elle le désire. En outre, la
condition résolutoire tacite sous-entendue par le législateur se fonde sur des considérations d'équité ; or,
l'équité varie selon les circonstances. De là la nécessité de l'intervention du juge, qui est saisi de la connaissance de l'action en résolution par une manifestation
formelle de la volonté du vendeur exerçant son option,
et qui alors apprécie les faits et prononce en s'inspirant
des considérations d'équité particulières à la cause ; par
conséquent, la résolution de la vente est prononcée par
le juge et, conformément aux principes, il peut être
accordé un délai, selon les circonstances.

L'art. 1655 applique à la vente ce que l'art. 1184
énonce d'une manière générale : « La résolution de la
vente d'immeubles est prononcée de suite, si le vendeur
est en danger de perdre la chose et le prix. Si ce danger n'existe pas, le juge peut accorder à l'acquéreur un
délai plus ou moins long, suivant les circonstances.
Ce délai passé sans que l'acquéreur ait payé, la résolution de la vente sera prononcée. » Donc, quoique
jouissant en principe du droit d'accorder un délai à
l'acheteur pour le paiement, le juge ne doit en user que
dans certaines limites ; et il ne faut pas que, par ce
moyen, le vendeur soit exposé à perdre la chose et le
prix. Ce danger se présentera lorsque l'acheteur dé-
grade ou démolit la chose vendue, ou en diminue
considérablement la valeur, par exemple en abattant
une futaie; dans ces cas, s'il est insolvable, le vendeur
n'a qu'un moyen de se garantir, c'est de demander la

résolution, qui sera prononcée de suite, sans délai. De plus, en admettant même que, par sa position,
l'acquéreur ait été jugé digne d'obtenir un délai pour
le paiement, après l'expiration du terme fixé sans exécution de sa part, il ne peut obtenir une prorogation
du juge, qui doit alors prononcer la résolution du
contrat.

De ce que la résolution de la vente est prononcée par
jugement, il en résulte une conséquence notable, à
savoir, que le débiteur peut payer jusqu'à ce que la
résolution ait été prononcée. Bien mieux, elle ne devient
définitive que lorsque le jugement de résolution a
acquis l'autorité de la chose jugée. Donc, en interjetant
appel du jugement de première instance, comme l'appel
anéantit le jugement, le contrat conserve toute sa force,
et par suite, le débiteur a le droit de payer pendant
l'instance d'appel.

97. — Deuxième cas. — Un pacte commissoire exprès
a été inséré dans la vente. Ce pacte peut se présenter
sous différentes formes : *a)* les parties ont convenu que,
faute de paiement dans un certain délai, la vente serait
résolue de *plein droit* ; *b)* ou bien qu'elle serait résolue
de *plein droit et sans qu'il fût besoin de sommation ;*
c) ou enfin simplement que la vente *serait résolue.*
— Quelle est l'influence de ces diverses conventions
sur les pouvoirs du juge ?

98. — *a).* Les parties ont convenu que la vente
serait résolue *de plein droit,* faute de paiement dans le
délai fixé. Cette clause est prévue par l'art. 1656 dans
les termes suivants : « S'il a été stipulé lors de la vente
d'immeubles que, faute de paiement du prix dans le
terme convenu, la vente serait résolue de plein droit,

l'acquéreur peut néanmoins payer, après l'expiration du délai, tant qu'il n'a pas été mis en demeure par une sommation : mais, après cette sommation, le juge ne peut pas lui accorder de délai. ». De droit commun, la résolution pour défaut de paiement du prix doit être demandée en justice, et le juge peut accorder un délai à l'acheteur ; c'est à ce principe que les parties dérogent en stipulant que la vente sera résolue de plein droit. Le vendeur n'a pas à demander au juge de prononcer la résolution ; c'est par la volonté des parties que cette résolution a lieu. Cependant, cette clause ne saurait avoir pour conséquence de faire rentrer la condition résolutoire qui nous occupe, dans la classe des conditions résolutoires ordinaires ; en d'autres termes, elle déroge bien à la règle de l'art. 1184, mais elle ne saurait, dans ses effets, être assimilée aux conséquences de l'art. 1183. Je m'explique. Quand nous sommes en présence d'une condition résolutoire expresse, ordinaire, une de celles dont parle l'art. 1183, l'événement prévu venant à se réaliser, l'effet de la condition, la résolution du contrat, peut être invoqué par les deux parties contractantes, et même par des tiers : par exemple des possesseurs sans titre, des acquéreurs *a non domino*, si la partie dont le droit est résolu voulait exercer contre eux le droit que la convention lui avait conféré, tandis que le pacte commissoire, dont il s'agit, est inséré dans la vente dans l'intérêt spécial du vendeur, qui seul a le choix de maintenir ou d'anéantir le contrat, selon son intérêt. Seul, il peut demander la résolution quand le prix n'est pas payé ; car il ne saurait dépendre de l'acheteur, en n'exécutant pas les obligations que la vente lui impose, de faire disparaître un contrat désavantageux pour lui.

99. — Cette observation préliminaire faite, demandons-nous comment on doit interpréter cette convention.

A s'attacher à l'intention des parties, on devrait dire que, quand le prix n'est pas payé dans le délai fixé, la résolution du contrat a lieu aussitôt que le vendeur a manifesté pour elle son option d'une façon quelconque. En raison, rien de plus juste et de plus logique : les conventions font la loi des parties. Malgré cela, cependant, notre ancien droit considérait le pacte commissoire exprès comme comminatoire (BOURJON, l. III, t. 4, ch. IX. sect. 1, dist. 1re, n° 2) ; les juges pouvaient encore accorder des délais. Cette opinion n'est plus soutenable aujourd'hui, car l'art. 1656 refuse formellement au juge le droit d'accorder des délais, après que sommation a été faite. Mais ce même texte exige que le vendeur non payé manifeste son option, non pas en employant un procédé quelconque, mais par une *sommation* faite à l'acheteur. Il s'agit de déterminer quel est l'effet de cette sommation. On n'est pas d'accord sur ce point.

D'après des auteurs, la sommation aurait pour effet de mettre simplement l'acheteur en demeure de payer le prix et de constater l'inexécution de cette obligation de sa part. Il importe, en effet, de constater par un acte authentique que le prix n'a pas été payé, pour que le vendeur puisse efficacement exercer son option et obtenir d'une façon certaine la résolution du contrat, s'il le veut. D'où il résulte que la sommation dont parle l'art. 1656 est un acte, par lequel l'acheteur est

sommé de remplir ses obligations et d'exécuter le
contrat ; donc le contrat n'est pas encore résolu
par la sommation ; l'acheteur a, après elle, un délai
moral suffisant pour lui permettre de s'acquitter, et
ce n'est qu'après l'expiration de ce délai, qu'il est privé
du droit de payer et que le contrat se trouve résolu.
A l'appui de cette opinion, on invoque les termes mêmes de l'art. 1656, d'après lequel la sommation constitue une mise en demeure. Or la mise en demeure ne
peut priver immédiatement l'acheteur du droit d'exécuter le fait qu'on lui enjoint d'accomplir. Donc, à
cet effet, il jouit d'un délai suffisant pour lui permettre
d'exécuter ses obligations.

Pour mon compte, je ne crois pas cette opinion
exacte. En effet, remarquons-le bien, il s'agit ici d'interpréter une convention des parties ; car la volonté
est libre, et c'est elle qui doit avoir effet si les contractants l'ont voulu. Or, quand les parties disent que
la vente sera résolue de plein droit, faute de paiement
du prix à l'époque fixée, elles entendent que le contrat
soit résolu par leur volonté, elles veulent se soustraire
aux ennuis et aux inconvénients d'un procès, nécessaire en principe pour obtenir la résolution. Si le législateur exige de plus une sommation, c'est que
la résolution en matière immobilière peut avoir
des conséquences très graves ; elle peut atteindre
des sous-acquéreurs ; en outre, il faut que la propriété
de l'immeuble soit fixée d'une façon certaine. De là la
nécessité d'un acte authentique, d'une sommation faite
à l'acheteur. Mais, cette sommation n'a pas pour objet
de demander l'exécution de la vente ; elle constate la
demeure de l'acheteur et la volonté du vendeur de pro-

fiter de la résolution. En un mot, le contrat est résolu par la volonté des parties, mais le vendeur conserve toujours une option, qui est de constater ou non la résolution ainsi intervenue. Quand il fait une sommation, la résolution est constatée. Du reste, c'est bien ainsi que la loi interprète le pacte commissoire. En effet, elle ne dit pas que l'acheteur pourra encore payer après la sommation, elle dit tout le contraire : « L'acheteur peut néanmoins payer après l'expiration du délai, tant qu'il n'a pas été mis en demeure par sommation» ; donc, à partir de la sommation, il ne peut plus payer. Par conséquent, la sommation n'a pas pour objet de sommer l'acheteur de payer ; elle a, au contraire, pour objet de constater le moment où la vente est résolue, et où, par conséquent, il ne peut plus s'agir de payer.

En outre, notre doctrine est conforme aux principes généraux. D'une part, en effet, la mise en demeure est nécessaire en principe pour constater que le créancier a droit à des dommages-intérêts par suite de l'inexécution d'un contrat, ou pour opérer le déplacement des risques de la chose, tandis que, dans notre hypothèse, il s'agit simplement de constater que la condition à laquelle a été subordonnée la résolution du contrat de vente est accomplie ; la sommation fait cette constatation, mais il n'est pas besoin pour cela d'une mise en demeure. D'autre part, si l'art. 1656 devait s'expliquer comme étant une application des principes généraux en matière de demeure, on ne comprendrait pas sa restriction aux immeubles seulement ; car l'article 1139, qui traite de la demeure, est général et s'applique aux meubles comme aux immeubles, tandis qu'il n'y a rien d'étonnant que l'on exige une sommation

pour constater la résolution d'une vente d'immeubles.
D'abord, cela est conforme à l'esprit général du Code,
qui protége tout particulièrement la propriété immobilière. En outre, en raison des intérêts divers que la
résolution peut léser, tels que le droit de propriété de
l'acheteur, les droits réels concédés par lui *intérim* sur
la chose, il est très important que la résolution soit
constatée par un acte authentique, pour que l'on sache
positivement sur la tête de qui repose la propriété de
l'immeuble.

Nous concluons donc que l'acheteur peut payer après
l'expiration du terme fixé, et même au moment où la
sommation lui est faite, puisque à ce moment il n'a
pas encore été mis en demeure par une sommation.
Mais, dès que la sommation a été faite, il ne peut plus
payer, le contrat étant résolu. Par conséquent, dans ce
cas, les juges n'ont pas à prononcer la résolution du
contrat, s'ils viennent à être saisis de l'affaire ; ils ont
simplement à constater que la résolution a eu lieu,
les formalités légales se trouvant accomplies.

100. — Observons, pour terminer, que ces expressions « de plein droit » n'ont rien de sacramentel ; il
suffit, pour appliquer l'art. 1656, que l'acte de vente
contienne une stipulation formelle de résolution en cas
de non-paiement, indiquant que les parties n'ont pas
voulu laisser cette résolution à l'arbitrage du juge.

101. — *b).* Les parties ont convenu que la vente
sera résolue *de plein droit et sans qu'il soit besoin de
sommation.* Incontestablement cette convention est
valable ; car elle n'a rien de contraire aux lois ou aux
bonnes mœurs ; elle n'est autre chose qu'une renonciation du vendeur au droit d'option qui lui appartient

entre le maintien ou la résolution du contrat en cas de non-paiement du prix. La jurisprudence est hésitante malgré cela. Cependant la Cour de Bordeaux s'est prononcée pour la validité de cette convention (Dalloz. J. G., *Vente*, 1279, 7°).

102. — *c*). Les parties ont convenu, qu'à défaut de paiement à l'époque fixée, la vente *serait résolue*. L'opinion générale est que, dans ce cas, le pacte commissoire se confond avec la condition résolutoire tacite. Cependant cette opinion a été contestée.

En premier lieu, il semble impossible, dit-on, de mettre sur la même ligne et d'assimiler entre eux le pacte commissoire exprès et la condition résolutoire tacite de l'art. 1184; ce serait contraire à l'intention des parties; car si elles ont inséré cette clause dans l'acte, c'est pour lui donner un effet plus énergique que celui de la clause résolutoire tacite, sans quoi, on ne comprendrait pas quelle pourrait être l'utilité de cette précaution.

En second lieu, pour que la clause produise les effets de l'art. 1184, il faut qu'elle soit tacite; car ce texte suppose que la condition résolutoire n'est pas exprimée dans le contrat. Donc si elle est expresse, elle doit produire les conséquences d'une clause résolutoire formellement exprimée. Par conséquent, conclut-on, la convention dont il s'agit doit opérer la résolution du contrat sans qu'il soit besoin de l'intervention du juge.

Cette interprétation se heurte à une objection capitale tirée de l'art. 1656, qui exige une volonté formelle pour que la résolution de la vente ait lieu en dehors de l'intervention du juge. Or les termes de la clause en question diffèrent sensiblement de ceux qu'emploie l'art. 1656. Donc, on ne peut assimiler deux conventions si différentes l'une de l'autre. Par conséquent. si la résolution de plein droit ne peut se produire, force est bien de recourir à l'office du juge qui décide dans les termes de l'art. 1184. — En outre, il est conforme à l'intention des parties de le décider ainsi ; car, en adoptant la doctrine contraire, on arrive à des conséquences inadmissibles. Ainsi, l'acheteur ne payant pas le prix, la vente serait résolue, alors même que le vendeur voudrait la maintenir et en poursuivre l'exécution ; le vendeur serait donc à la merci de l'acheteur, il suffirait que celui-ci ne payât pas le prix, pour que le vendeur fût forcé de reprendre sa chose. On ne peut admettre ce résultat.

Nous établissons ainsi une gradation dans les différentes clauses que nous avons étudiées, et leurs effets varient selon l'énergie même de la volonté des parties.

103. — V. *Quels sont les effets du jugement qui prononce la résolution?* (1). — Le principe, à cet égard, est posé dans l'art. 1183, d'après lequel le contrat est révoqué et les choses sont remises au même état que si la vente n'avait pas existé. Nous étudierons ces effets à un double point de vue : 1° dans les rapports des parties entre elles ; 2° dans les rapports des parties avec les tiers.

104. — 1° *Rapports des parties entre elles.* — La

---

(1) Les effets de la résolution sont les mêmes, que le contrat soit résolu en vertu de la condition résolutoire tacite, ou d'un pacte commissoire exprès opérant *ipso jure*.

vente se trouvant résolue, le vendeur est réputé ne
s'être jamais dessaisi de son immeuble, et l'acheteur
n'en avoir jamais eu la propriété. Par conséquent,
celui-ci doit retransférer la possession de la chose
vendue avec ses accessoires. L'acheteur doit restituer
les fruits naturels, industriels ou civils. Aucun doute
ne saurait s'élever sur ce point : mais quel est le
motif de droit de le décider ainsi? Des auteurs s'ap-
puient sur la nature de la possession de l'acheteur, en
le considérant comme possesseur de mauvaise foi. Il
est de mauvaise foi, parce qu'il sait que son titre de
propriété est résoluble et peut être brisé s'il manque
de remplir ses engagements. Dès lors, q and il ne paie
pas, il ne peut invoquer sa bonne foi pour faire les
fruits siens. Cette raison est mauvaise, car l'acheteur
n'est pas un possesseur, il est propriétaire tant que
son titre n'est pas résolu, et c'est pour cela qu'il
acquiert les fruits, aux termes de l'art. 547. Mais la
résolution de la vente fait évanouir son titre avec tous
ses droits, comme si le contrat n'avait jamais existé.
Par conséquent, c'est le vendeur qui est réputé avoir
toujours été propriétaire de l'immeuble (art. 1183), et
comme tel, en vertu de l'art. 547, il a droit à tous les
fruits produits par la chose depuis la vente ; l'acheteur doit les lui restituer intégralement.

De son côté, le vendeur doit restituer les acomptes
qui lui ont été payés sur le prix ; cependant, il lui est
permis de les conserver, si par une stipulation
expresse ce droit lui a été réservé à titre d'indemnité
pour la non-exécution du contrat. Il doit aussi tenir
compte à l'acheteur des intérêts de ces acomptes, cal-
culés à dater du jour où les sommes capitales lui ont

été payées, et non du jour de la demande en justice. On pourrait contester ce dernier point en s'appuyant sur l'art. 1153, aux termes duquel les intérêts ne sont dus qu'en vertu d'une demande judiciaire, à moins que la loi ne les fasse courir de plein droit ; or, il n'y a pas de disposition légale imposant au vendeur l'obligation d'en tenir compte d'une façon expresse ; donc il peut conserver ces intérêts, s'ils ne lui sont pas réclamés judiciairement ; et si la demande en justice a lieu, il ne les doit qu'à dater de ce jour. Cette argumentation est inexacte, parce qu'elle néglige les principes en matière de résolution d'un contrat. En effet, en ce cas, les choses doivent être remises au même état que si la vente n'avait pas existé ; or, s'il n'y avait pas eu de vente, le vendeur n'aurait pas touché d'acomptes, et l'acheteur aurait joui des sommes qu'il a déboursées ; donc la résolution oblige le vendeur à tenir compte à l'acheteur des intérêts des sommes capitales versées sur le prix. Du reste, il est juste que puisque l'acheteur restitue tous les fruits qu'il a perçus, on lui rende les intérêts. Mais si la chose ne produisait pas de fruits, le vendeur ne devrait pas compte de ces intérêts ; ils représenteraient, entre ses mains, le paiement de l'utilité ou de l'agrément que la chose a procuré *intérim* à l'acheteur.

Le principe de l'art. 1183 doit aussi être appliqué aux dégradations commises sur le fonds par l'acheteur. Ce dernier doit indemniser de ce chef le vendeur. Cela est certain. De même pour les travaux d'amélioration faits par l'acheteur, le vendeur doit lui en tenir compte. Mais dans quelle mesure ? On distingue, à cet égard, les impenses en trois catégories : impenses nécessaires, impenses utiles et impenses voluptuaires. En ce qui concerne les impenses nécessaires, le vendeur doit certainement les rembourser intégralement à l'acheteur, car, sans elles, l'immeuble aurait péri. Quant aux impenses utiles, le principe de l'art. 1183, appliqué rigoureusement, conduit à décider que le vendeur a le droit d'en exiger la destruction ; s'il ne le fait pas, il doit alors payer à l'acheteur la plus-value qu'elles ont procurée à l'immeuble. Enfin, pour les impenses voluptuaires, il n'a droit à aucune indemnité ; l'acheteur peut seulement emporter tout ce qui est susceptible d'être enlevé sans détérioration, à la charge de rétablir les lieux dans leur premier état.

Enfin, pour terminer, observons que les frais et loyaux coûts du contrat restent à la charge de l'acheteur, car la résolution lui est imputable, puisqu'il en a fait naître la cause en ne payant pas le prix. De plus, si l'inexécution de la vente a causé un dommage appréciable au vendeur, l'acheteur peut être condamné à des dommages-intérêts par application des art. 1150 et suiv.

105. — 2° *Rapports des parties avec les tiers.* — Supposons, en premier lieu, que ces tiers ont traité avec l'acheteur. La résolution de la vente, effaçant rétroactivement le titre de l'acheteur, réfléchit contre les tiers qui ont traité avec lui pendant sa possession intérimaire relativement à l'immeuble vendu : l'acheteur n'avait en effet qu'une propriété résoluble ; il n'a pu transmettre à autrui des droits plus étendus ou plus solides que ceux qu'il avait lui-même. Toutefois, pour déterminer le sort des actes par lui passés, il faut distinguer entre les actes d'administration et les actes de disposition.

106. — L'effet rétroactif de la résolution reste sans influence sur les actes d'administration. Ces actes sont valables quoique la vente soit résolue. En effet, des considérations pratiques de la plus haute gravité commandent cette décision ; il faut bien que l'acheteur puisse retirer de l'immeuble qu'il a acquis toute l'utilité possible. Or, si en le louant à un tiers, il ne peut lui garantir d'une façon certaine l'exécution du contrat, il ne trouvera jamais personne qui accepte une situation aussi précaire. Force est bien dans son intérêt, comme dans l'intérêt public, pour favoriser le développement de la richesse générale, de permettre à l'acheteur de passer valablement et sans fraude des baux opposables au vendeur. En outre, nous trouvons un cas où cette solution est édictée par la loi : lorsque le vendeur à réméré reprend l'immeuble vendu, il est tenu de respecter les baux faits sans fraude par l'acheteur (art. 1673) ; or les motifs de cet article sont précisément ceux que nous invoquons dans la question qui nous occupe ; dès lors, nous sommes autorisé à généraliser sa disposition : « Ubi eadem ratio, eadem lex. » Par conséquent, tous les actes d'administration tels que baux, locations, réceptions de loyers, fermages, etc., doivent être respectés par le vendeur, pourvu qu'ils aient été faits sans fraude.

107. — Au contraire, les actes de disposition faits par l'acheteur tombent sous l'application de la maxime *Resoluto jure dantis, resolvitur jus accipientis.* Donc les droits réels constitués sur l'immeuble, tels que droits d'usufruit, d'usage, de servitude, d'hypothèque, s'évanouissent par le fait de la résolution, et le vendeur reprend l'immeuble franc et quitte de toutes

charges. Il en est de même si l'acheteur a revendu le fonds, le vendeur originaire le recouvre, et il n'est pas tenu de respecter les droits réels constitués par le second acquéreur. Au cas de revente, le sous-acquéreur doit restituer tous les fruits qu'il a perçus puisque, d'après l'art. 547, ils appartiennent au propriétaire et que, depuis la résolution, il a cessé de l'être rétroactivement.

108. — Supposons, en second lieu, que les tiers ont traité avec le vendeur. Cela est possible ; car le vendeur non payé est propriétaire de la chose sous condition suspensive ; ses droits sont subordonnés à la réalisation de la condition, c'est-à-dire à la résolution du contrat. Par conséquent, jusque-là, il peut consentir sur l'immeuble vendu des droits dont l'existence est subordonnée à la réalisation de la condition ; et les actes qu'il aura ainsi passés seront valables, une fois la résolution prononcée ; leur constitution, purement éventuelle à l'origine, deviendra définitive par le retour rétroactif de la propriété au vendeur.

SECTION III

Causes d'extinction du droit de résolution

109. — Parmi les fins de non-recevoir que l'on peut opposer à l'exercice de l'action en résolution, les unes dérivent des principes généraux du droit, les autres sont spéciales aux ventes d'immeubles. De là deux paragraphes.

§ 1er

Fins de non-recevoir dérivant des principes généraux

110. — Ce sont la renonciation, la novation et la prescription.

111. — I. *De la renonciation.* — Que le vendeur puisse renoncer à son droit de résolution, cela est incontestable, puisque ce droit n'est établi qu'en sa faveur. La renonciation peut être expresse ou tacite. Elle est expresse, quand le vendeur déclare dans le contrat de vente ou dans un acte postérieur quelconque ne pas vouloir exercer son action. De cette déclaration découle, au profit de l'acheteur, une fin de non-recevoir qui, plus tard, empêcherait le vendeur de se prévaloir du droit de résolution. Aucun doute ne peut surgir sur ce point. Mais les difficultés commencent en matière de renonciation tacite. Dans quels cas existe-t-elle ?

Je cite un cas non douteux. Le vendeur provoque la vente forcée de l'immeuble qui est adjugé à un tiers pour 10,000 francs ; cette somme est versée entre les mains du vendeur ; mais comme il n'est pas intégralement payé de son prix, il veut demander la résolution de l'adjudication en restituant la partie du prix qu'il a reçue. La doctrine et la jurisprudence s'accordent à décider que son action en résolution est éteinte par une renonciation tacite : il ne peut, tout à la fois, provoquer la vente de l'immeuble et engager ainsi les tiers à se porter adjudicataires, en se réservant en même temps le droit de les évincer par l'exercice de l'action en résolution ; ces deux choses sont contradictoires. S'il prend une voie, il abandonne l'autre (Dalloz, J. G., Vente 1333, et les arrêts qu'il cite).

Il y a encore renonciation tacite quand le vendeur autorise ou approuve la revente de l'immeuble ; dans ce cas, le sous-acquéreur n'achète qu'avec la certitude de ne pas être évincé plus tard par celui qui approuve l'acquisition ; par conséquent, ce dernier, en intervenant à l'acte sans faire de réserves pour son action en résolution, est censé y renoncer. En définitive, en cette matière tout dépend des circonstances. Ce sera au juge à apprécier les faits et à n'induire une renonciation que si ces faits y conduisent nécessairement.

112. — Rappelons que l'exercice du droit de poursuivre l'exécution n'est pas exclusif du droit de demander la résolution de la vente et réciproquement. Enfin, à notre avis, la simple production à l'ordre faite par le vendeur pour obtenir le paiement du prix n'implique pas renonciation tacite au droit de résolution (*supra*, n° 86).

113. — II. *De la novation.* — La novation est également une fin de non-recevoir opposable à l'exercice du droit de résolution et qui le fait disparaître. En effet, pour qu'il y ait lieu à résolution, il est indispensable que la créance du prix existe; sans créance du prix, pas de résolution pour défaut de paiement du prix. Donc quand la créance du prix est novée, transformée en une autre créance, il n'est plus possible de faire anéantir le contrat. Nous avons vu une application de cette idée, lorsque le prix de vente d'un immeuble est converti plus tard en une rente perpétuelle ; en cas de non-paiement des arrérages, le crédit-rentier n'a pas droit à la résolution du contrat (*supra,* nᵒ 83, *in fine*).

Que décider quand le prix de vente d'un immeuble est réglé en valeurs, y a-t-il novation ? On s'accorde généralement à faire une distinction selon qu'il s'agit d'un règlement en billets à ordre ou en lettres de change. Le billet à ordre n'étant qu'un moyen de circulation, un instrument de crédit, n'implique pas novation. Quand le vendeur accepte des billets à ordre, c'est pour pouvoir les négocier et jouir plus vite du prix de vente de l'immeuble. Rien de plus. Il n'y a place, en principe, à aucune idée de transformation du prix de vente en une autre créance non garantie par l'action en résolution, à moins cependant d'une volonté contraire exprimée. Tandis que lorsque le vendeur tire des lettres de change postérieurement à la conclusion de la vente, il s'oblige en vertu du contrat de change, il exécute un contrat nouveau, il fait un acte commercial, et les obligations qui en résultent ne peuvent coexister avec celles naissant de la vente ; elles en opèrent la novation. Par conséquent, il n'y a plus place à l'action en résolution. Toutefois, si par une clause de la vente, il avait été convenu que le recouvrement du prix se ferait au moyen de lettres de change, tirées par le vendeur, je ne crois pas qu'il y ait novation ; car en ce cas, le vendeur ne fait qu'exécuter les conditions du contrat de vente ; il ne s'oblige pas en créant des lettres de change, en vertu d'un contrat nouveau, incompatible avec l'ancienne convention. Donc l'action en résolution n'est pas éteinte.

114. — III. *De la prescription.* — L'action résolutoire s'éteint par la prescription ; la durée de cette prescription est de trente ans, conformément au droit

commun. Ici ne s'applique pas, en effet, l'art. 1304 qui limite à dix ans la durée des actions en nullité ou en rescision, car il ne s'agit pas d'une convention annulée à raison d'un vice dont elle aurait été atteinte dès sa formation ; il s'agit, au contraire, d'un contrat parfaitement valable *ab initio*, et qui n'est anéanti que par une cause survenue ultérieurement. On reste donc sous l'empire de l'art. 2262 et la prescription est de trente ans. Quant au point de départ de ce délai, ce sera tantôt le lendemain du jour fixé pour le paiement, si ce paiement devait être effectué en une seule fois; tantôt le lendemain du jour du dernier solde complémentaire, si le prix avait été stipulé payable par fractions. Aucune difficulté sur tous ces points, tant que l'immeuble reste entre les mains de l'acheteur, ce dernier prescrit contre l'action personnelle du vendeur; il s'agit d'une prescription libératoire.

115. — Mais si le vendeur non payé se trouve en présence de tiers acquéreurs, les principes ne sont plus les mêmes. Contre eux, en effet, il ne peut agir que par la revendication, après avoir fait préalablement prononcer la résolution de la vente. La revendication peut être exercée pendant trente ans, qui courent contre les tiers acquéreurs à dater du jour du jugement de résolution, ou du lendemain du jour où le prix devait être payé au cas de pacte commissoire exprès opérant la résolution de plein droit. Toutefois le tiers acquéreur peut repousser l'action en revendication par l'usucapion, c'est-à-dire quand il a acquis la propriété de l'immeuble par la prescription acquisitive. Quelle est la durée de cette prescription ? Il faut distinguer selon que les tiers sont de bonne ou mau-

vaise foi. — La prescription est de trente ans, quand le tiers est de mauvaise foi ; et notons que c'est ce qui arrivera le plus fréquemment, car l'origine de propriété de son titre ne manquera pas d'indiquer que le prix n'a pas été payé au vendeur originaire ; dès lors l'acheteur ne peut prétendre avoir eu pleine confiance et sécurité dans son acquisition. — Au contraire, la prescription est de dix à vingt ans, quand le sous-acquéreur a juste titre et bonne foi ; c'est le cas d'appliquer les art. 2265 et suivants. Cependant on a prétendu le contraire : ces textes, dit-on, n'ont établi la prescription de dix à vingt ans qu'en faveur de celui qui acquiert *a non domino,* et partant le bénéfice n'en peut être étendu aux tiers qui ont acquis du véritable propriétaire. Mais évidemment c'est abuser des termes de l'art. 2265 que de lui prêter une signification aussi exclusive ; car si l'on a reconnu l'utilité de cette prescription pour le possesseur qui a acquis *a non domino,* à plus forte raison, il en doit être de même pour celui qui, ayant acquis du véritable propriétaire, a néanmoins besoin de consolider son titre ; le bon sens exige cela : il serait inconcevable que le fait d'avoir traité avec le propriétaire d'un immeuble fût une cause de défaveur. Du reste, si l'on veut s'en tenir judaïquement au texte, il est facile d'y faire rentrer notre cas : effectivement l'acheteur originaire, par l'effet rétroactif de la résolution, est censé n'avoir jamais été propriétaire de l'immeuble ; donc ceux qui ont traité avec lui ont acquis *a non domino.*

§ 2

Fins de non-recevoir spéciales aux ventes d'immeubles

116. — Ces fins de non-recevoir sont motivées par les dangers de l'action en résolution à l'égard des tiers. En effet, le Code civil n'avait organisé aucune mesure de publicité pour que l'existence du droit de résolution fût portée à la connaissance des sous-acquéreurs ; de telle sorte qu'après dix, vingt, et parfois même trente ans, un tiers détenteur, qui avait acquis un immeuble même par la plus solennelle des ventes, la vente en justice, et qui était débarrassé de toute crainte du côté du privilége, pouvait se trouver tout à coup dépouillé par l'exercice d'une action en résolution jusqu'alors restée inconnue ; il ignorait que le prix originaire n'eût pas été payé. En outre, en supposant même que la circonstance du non-paiement du prix fût connue du sous-acquéreur, celui-ci n'avait aucun moyen légal de faire disparaître l'action en résolution. Il pouvait bien, par la purge, anéantir le privilége ; mais le privilége éteint, l'action en résolution subsistait toujours. De là, par conséquent une instabilité considérable dans toute acquisition immobilière : on ne pouvait, sans connaître parfaitement son vendeur et les personnes qui lui avaient transmis l'immeuble, être assuré de la validité d'une acquisition quelconque. Ce système était un obstacle à la multiplicité des conventions, et entravait sensiblement la circulation des propriétés immobilières. Il fallait combler la lacune. Aussi, dès 1804, les économistes signalèrent-ils

le vice de cet état de choses. Merlin, de son côté, fut un des premiers à protester contre les abus qu'entraînait l'action résolutoire, mais il dut néanmoins s'incliner devant les exigences de la loi. — Les différentes réformes qui ont été faites sur ce point sont venues successivement, et, il faut bien le dire, le législateur ne s'est inquiété que fort tard de les accomplir.

117. — I. Une première réforme eut lieu en 1833, lors de la discussion de la loi du 7 juillet sur l'expropriation pour cause d'utilité publique, dont l'art. 18 de la loi du 3 mai 1841 emprunta plus tard les dispositions. On suppose dans ce texte qu'un immeuble est exproprié contre un acheteur qui n'a pas payé son prix. L'expropriation faite, le vendeur non payé fait prononcer la résolution de la vente, et redevient ainsi propriétaire du fonds. Il faudrait alors, en appliquant les principes, exproprier le vendeur lui-même, la première procédure étant restée sans effet. A quoi bon tout cela, puisque l'expropriation pour cause d'utilité publique doit nécessairement aboutir, quel que soit le propriétaire? Une nouvelle procédure contre lui est inutile. Le législateur décide que le droit du vendeur qui a fait prononcer la résolution se reportera sur le prix. Il résulte donc de ce texte que la fin de non-recevoir opposée à l'action résolutoire n'est que partielle, elle ne fait pas rejeter complètement les effets de l'exercice du droit du vendeur, elle les paralyse simplement ; car la propriété du fonds reste toujours sur la tête de l'expropriant, malgré la résolution. Ce résultat s'explique par la puissance et l'énergie de l'expropriation qui aboutit inévitablement ; elle s'adresse à la chose sans s'inquiéter de celui qui en est propriétaire.

118. — II. La seconde fin de non-recevoir contre l'action résolutoire a été introduite par la loi du 2 juin 1841, qui a modifié la procédure de la saisie immobilière. En présentant cette réforme, le rapporteur à la Chambre des pairs s'exprimait de la manière suivante : « Nous ne pouvons faire que des vœux pour que l'action résolutoire, accordée par l'art. 1654 aux vendeurs créanciers du prix, soit astreinte bientôt à certaines conditions de publicité. Il est indispensable que les tiers la connaissent et que, dans certains cas, ils ne puissent être victimes soit de la négligence, soit de la fraude. Mais en attendant que cette réforme puisse atteindre cette partie du Code civil, votre commission croirait manquer à son devoir, si elle ne vous proposait de profiter de l'occasion qui vous est offerte pour régler ce qui concerne les effets de l'adjudication sur saisie immobilière » (Moniteur, 31 mars 1840). Il s'agissait donc de réglementer le droit de résolution en tant que ce droit s'exerce contre les adjudicataires sur saisie immobilière, en raison des dangers particuliers qui se présentent dans ce cas. Quels sont donc ces dangers ?

D'une part, l'acquisition d'un immeuble faite en justice sous le contrôle et la surveillance d'un tribunal fait supposer que la propriété est transférée d'une façon définitive, sans que l'acquéreur puisse jamais être inquiété. Donc il est absolument nécessaire que la loi assure ce résultat, à peine d'affaiblir l'autorité de la justice. D'autre part, les adjudicataires sérieux et solvables ne veulent pas accepter une situation aussi précaire, et par conséquent, l'incertitude de l'acquisition écarte les personnes que les créanciers saisissants ont le plus d'intérêt à voir se porter adjudicataires. De là par conséquent la nécessité d'une réforme de l'ancien art. 731 du Code de procédure, déclarant que l'adjudicataire sur saisie immobilière n'acquérait que les droits du saisi et laissant ainsi subsister l'action en résolution, si parmi les auteurs du saisi un seul n'avait pas payé son prix. Nous trouvons cette modification consacrée par l'art. 717 actuel.

D'après ce texte, le vendeur non payé ne peut, en principe, après l'adjudication et au préjudice de l'adjudicataire, se prévaloir de son droit de résolution ; il doit former sa demande avant l'adjudication et la notifier au greffe du tribunal. Cette dernière précaution est prescrite afin que le poursuivant ne puisse pas dissimuler cette demande en résolution aux enchérisseurs, ce qui serait possible, si elle lui était adressée à lui-même. La procédure de saisie est aussitôt arrêtée; mais le tribunal impartit un délai pour faire prononcer la résolution de la vente, et le délai expiré, l'adjudication a lieu. Dès ce moment, le vendeur est déchu de son droit de suite et il ne pourrait que pour des causes graves obtenir du tribunal un second délai. Par conséquent l'action en résolution se trouve éteinte et le vendeur ne peut plus l'exercer : mais il lui est toujours permis de faire valoir ses droits, ses titres de créance dans l'ordre et la distribution du prix de l'adjudication.

119. — Ce résultat est tout en faveur de l'adjudicataire; mais il ne faudrait pas croire que la loi de 1841 eût sacrifié complètement les droits du vendeur. Elle avait pris des précautions pour qu'il fût prévenu de la saisie et fît valoir ses droits : l'art. 692 décidait que sommation devait être faite au vendeur non payé de prendre connaissance du cahier des charges et de four-

nir ses dires et observations. Cette sommation était faite
au *domicile élu* dans l'inscription du privilége accordé
au vendeur par les art. 2103-1° et 2108 ; partant, le
vendeur avait connaissance de la situation. — Cependant, en pratique, un inconvénient résultait de la disposition de l'art. 692. Quand la vente était transcrite, la
transcription valant inscription du privilége en vertu
de l'art. 2108, le privilége était conservé ; mais le conservateur, dans l'inscription d'office qu'il prenait, n'avait
pas qualité pour élire un domicile pour le vendeur. De
plus, ce dernier n'avait pas l'habitude de requérir une
inscription directe de son privilége. De sorte que fréquemment il n'avait pas de domicile élu, où l'on pût
lui faire la sommation de l'art. 692 ; on ne savait où la
notifier. Chaque fois que la question s'était posée en
jurisprudence, les tribunaux avaient décidé que la
sommation devait être faite au domicile réel du vendeur.
— C'est cette jurisprudence que la loi du 21 mai 1858
a consacrée dans les termes suivants : « Pareille sommation sera faite... 1° aux créanciers inscrits sur les
biens saisis, aux domiciles élus dans les inscriptions.
Si, parmi les créanciers inscrits se trouve le vendeur
de l'immeuble saisi, la sommation à ce créancier sera
faite, à défaut de domicile élu par lui, à son domicile
réel, pourvu qu'il soit fixé en France. Elle portera qu'à
défaut de former sa demande en résolution et de la
notifier au greffe avant l'adjudication, il sera définitivement déchu, à l'égard de l'adjudicataire, du droit de la
faire prononcer » (art. 692-1° actuel). — En définitive,
de deux choses l'une : ou le privilége du vendeur, est
inscrit, ou il ne l'est pas. Si le privilége est inscrit, il
n'y a pas d'inconvénient à refuser au vendeur, après

l'adjudication, le droit de faire prononcer la résolution de la vente contre l'acquéreur ; car il est prévenu de la saisie et de l'adjudication prochaine de l'immeuble par une sommation ; c'est à lui de veiller à ses inté- rêts. Au contraire, si le privilége n'est pas inscrit, le vendeur, l'adjudication faite, sera privé de son droit de résolution, mais il ne tenait qu'à lui qu'il en fût autre- ment. Cependant, même en ce cas, la notoriété de la saisie, les affiches et publications qui l'annoncent, lui permettront souvent d'intervenir avant que l'adjudica- tion soit prononcée, et de conserver intact son droit de résolution.

120. — On voit par ce qui précède que l'idée exprimée par le rapporteur de la loi de 1841 de rendre publique l'action résolutoire a reçu dans cette loi une application. On a rattaché l'existence de l'action à la publicité du privilége. Nous allons voir plus tard cette idée générali- sée.

121. — III. Une autre catégorie de fins de non-rece- voir se rencontre dans les hypothèses suivantes : 1° au cas d'adjudication sur surenchère du dixième après aliénation volontaire de l'immeuble (art. 2185, 2187, C. civ., et 838, Cod. proc.). Ce dernier texte a été modifié par la loi du 21 mai 1858 ; — 2° au cas d'adjudication sur délaissement, aux termes de l'art. 2174 qui pres- crit pour la vente la procédure de la saisie immobilière ; 3° enfin aux adjudications sur conversion de saisie lors- que, avant la conversion, le vendeur a été appelé à la saisie par une sommation (art. 692, C. proc.).

Dans toutes ces hypothèses, l'adjudication de l'im- meuble fait évanouir le droit pour le vendeur de pour- suivre la résolution. En effet, au cas d'adjudication sur surenchère du dixième et au cas d'adjudication sur délaissement, les art. 838, C. pr., et 2174, C. civ., prescrivent d'appliquer l'art. 717. En ce qui concerne les adjudications sur conversion de saisie, comme la conversion de saisie a lieu du consentement de tous les intéressés majeurs et maîtres de leurs droits, le vendeur figure parmi eux, quand il a eu connaissance de la saisie par la sommation ; par conséquent il est lié à la procédure, il est censé renoncer à son action résolutoire quand il laisse s'accomplir l'adjudication.

122. — IV. La quatrième fin de non-recevoir introduite par la loi du 23 mars 1855 est plus générale. A partir de 1841, des travaux furent faits sous les auspices du gouvernement pour amener une modification de notre régime hypothécaire qui entravait le crédit foncier. De toutes parts on critiquait son organisation, et parmi ces critiques, la plus fréquente était celle adressée au caractère occulte de l'action en résolution : on ne pouvait avec sécurité accepter une hypothèque ou un droit réel quelconque sur un immeuble sans avoir à redouter les conséquences de l'exercice de cette action, quand le prix de l'immeuble n'avait pas été intégralement payé (voyez les documents relatifs au régime hypothécaire publiés en 1844).

En 1849 et en 1850, divers projets furent soumis à l'Assemblée législative. Le premier projet du gouvernement proposait la suppression de la résolution tacite, et comme dans le droit romain, conservait seulement la résolution expresse ; d'après le projet, le conservateur devait la mentionner sur une inscription faite d'office. Ce système n'était pas bon, parce que la clause de résolution expresse allait devenir de style dans tous les actes ; et la loi nouvelle n'apporterait pas alors un remède sérieux. — D'après une seconde proposition due à l'initiative parlementaire, on voulait que l'action résolutoire naissant soit d'une clause expresse, soit d'une clause tacite, ne pût jamais être exercée au préjudice des créanciers inscrits. On aboutissait ainsi à supprimer en quelque sorte le droit de résolution. Aussi fit-on remarquer que ce système violait la liberté des conventions, et qu'en outre, il permettait à un individu qui n'avait pas payé son prix d'avoir du crédit avec l'immeuble d'autrui. [M. Valette se fit le défenseur de ces idées et proposa, pour faire disparaître tous inconvénients, de porter l'existence de l'action en résolution à la connaissance des tiers par la publicité. L'Assemblée adopta son amendement; mais les événements politiques arrêtèrent le projet de réforme hypothécaire (*Moniteur* des 15, 17, 18 décembre 1850). Ce ne fut que la loi du 23 mars 1855 sur la transcription qui trancha enfin la question dans son art. 7 ainsi conçu : « L'action résolutoire établie par l'art. 1654 du Code civil ne peut être exercée après l'extinction du privilége du vendeur, au préjudice des tiers qui ont acquis des droits sur l'immeuble du chef de l'acquéreur, et qui se sont conformés aux lois pour les conserver. »

123. — On le voit, d'après ce texte, l'existence de l'action en résolution à l'égard des tiers est subordonnée à la publicité du privilége; on allie ces deux droits, on les associe entre eux, de telle sorte que si le privilége existe, l'action résolutoire est maintenue à l'égard des tiers. Au contraire, en ce qui concerne les rapports des parties entre elles, la position du vendeur

n'a pas changé à l'égard de son acheteur, et le Code
civil reste toujours en vigueur ; que le privilége soit
éteint ou non, que l'action en résolution ait été ou non
rendue publique, le vendeur non payé a toujours la
faculté d'exercer cette action et de reprendre son immeuble : il n'y a pas de difficulté à cet égard.

124. — Envisageant les rapports du vendeur avec
les tiers qui ont traité avec l'acquéreur, des auteurs
présentent l'art. 7 comme ayant eu pour effet de *soli-
dariser* le privilége et la résolution. Cette proposition
est trop absolue ; il est facile de s'en convaincre, car il
y a des cas où ces deux droits sont séparés. Ainsi, au
cas d'adjudication sur saisie, l'adjudication fait disparaître l'action en résolution, mais le privilége subsiste
en ce sens que le vendeur est payé avant tous autres
créanciers inscrits (art. 717, C. p.). De même il peut se
faire qu'il n'y ait pas de privilége, et qu'au contraire l'action résolutoire existe : par exemple, si la vente a pour
objet une servitude prédiale, il n'y a pas de privilége,
mais le vendeur jouit du droit de résolution. — En
outre, l'action résolutoire n'est éteinte, quand le privilége
est éteint, qu'à l'égard de certaines personnes. Ces personnes, l'art. 7 les désigne en disant que ce sont « des
« tiers qui ont acquis des droits sur l'immeuble du
« chef de l'acquéreur et qui se sont conformés aux
« lois pour les conserver. » — Nous allons donc supposer que le privilége est éteint, et nous nous deman-
derons d'abord quels sont les tiers auxquels l'action
résolutoire ne peut être opposée ; puis nous passerons
en revue quelques applications des principes que
nous aurons déterminés.

125. — I. *Quelles sont les personnes qui peuvent*

s'opposer à l'exercice de l'action en résolution à la
suite de l'extinction du privilége ? — Ce sont : 1° les
tiers ; 2° qui ont acquis des droits sur l'immeuble du
chef de l'acquéreur ; 3° et se sont conformés aux lois
pour les conserver. Trois conditions sont donc exigées
par la loi pour pouvoir se prévaloir de l'extinction de
l'action résolutoire.

126. — En premier lieu, il faut être *tiers.* Cette expression a un sens très large, mais ce n'est pas à dire
que l'on doive envisager comme tiers toute personne
qui n'a pas figuré à la vente, car il est évident que ne
sont pas compris dans cette dénomination les *pœnitus*
extranei, c'est-à-dire les individus qui n'ont jamais eu
ou n'auront jamais intérêt à se prévaloir de la clandestinité de l'action en résolution. Les tiers dont il s'agit,
ce sont les ayants-cause à titre particulier de l'acquéreur ; ce sont les personnes qui ont traité avec lui relativement à l'immeuble vendu.

L'art. 7 nous le dit formellement. En outre, cela est
conforme au but poursuivi par le législateur quand il
a prescrit la publicité du droit de résolution : les rédacteurs de la loi de 1855 ont voulu que ceux qui traiteraient à l'avenir avec l'acheteur d'un immeuble et ac-
cepteraient des droits sur ce bien, fussent assurés du
caractère définitif de leur acquisition en voyant le privilége éteint. C'est donc dans leur intérêt que la publicité a été ordonnée ; par conséquent, c'est à eux
qu'appartient le droit d'opposer le défaut de publicité.
Ce que nous disons des ayants-cause à titre particulier
de l'acheteur originaire est de tous points applicable
aux ayants-cause à titre particulier d'un sous-acquéreur, et ainsi de suite. Donc, ceux-ci peuvent se préva-

loir de l'extinction de l'action en résolution par suite de la clandestinité du privilége.

En définitive, sont tiers, dans le sens de l'art. 7, les ayants-cause à titre particulier de l'acquéreur ou d'un sous-acquéreur quelconque.

Il ne peut être question des ayants-cause universels ou à titre universel de l'acheteur, puisque ceux-ci sont tenus des mêmes obligations que leur auteur et n'ont pas plus de droits que lui. Or ce dernier ne peut invoquer la clandestinité du privilége pour conclure à la perte de la résolution ; car la loi de 1855 ne régit pas les rapports des parties entre elles et ne s'applique qu'au regard des tiers. Donc ses ayants-cause ne peuvent invoquer le défaut de publicité.

127. — En second lieu, il faut avoir acquis *des droits sur l'immeuble*. A première vue, il semble résulter de cette formule que la loi exige l'acquisition de droits réels ; car c'est de ces droits seulement que l'on dit qu'ils portent *sur l'immeuble*. Mais cette interprétation doit être rejetée. En principe, un droit réel est bien nécessaire, mais un droit personnel suffit quelquefois. Ainsi, l'acquéreur consent à un fermier un bail sur l'immeuble d'une durée de plus de dix-huit ans : ce fermier est tenu de transcrire son titre (art. 1-4°) ; il n'a sur le bien qu'un droit personnel de jouissance, et cependant il peut se prévaloir du défaut de publicité de la résolution. En effet, dans le projet de la loi du 23 mars 1855, on exigeait, pour pouvoir opposer le défaut de publicité, l'existence d'un droit réel sur l'immeuble ; mais quand on eut soumis le fermier en question à la nécessité de publier son titre par la transcription, on supprima le mot « réel », afin qu'il pût invoquer le défaut de publicité de l'action résolutoire. Du reste, le but de la loi, en soumettant certains droits à la publicité, a été de donner la préférence à celui des deux individus qui se soumet à ses prescriptions et fait publier son droit ; c'est pourquoi le fermier de plus de dix-huit ans, qui transcrit son titre quand le privilége du vendeur est éteint, ne peut avoir à souffrir de l'exercice de l'action en résolution : il est tout naturel qu'il ait le droit d'invoquer le défaut de publicité de cette action, puisqu'il est lui-même soumis à la publicité.

128. — En troisième lieu, il faut *avoir conservé son droit conformément aux lois.* L'exigence de cette condition se justifie très bien : dans certains cas, nos lois imposent au titulaire d'un droit la nécessité de le porter à la connaissance des tiers pour qu'il leur soit opposable ; ainsi l'hypothèque, le privilége, sont subordonnés à l'inscription : on ne peut s'en prévaloir qu'à cette condition. Dès lors il est juste, si l'on veut invoquer le défaut de publicité de l'action résolutoire, d'avoir soi-même effectué la publicité nécessaire à l'existence du droit qu'on a acquis sur l'immeuble. Aucune difficulté ne surgit à ce point de vue. Mais nous trouvons des hypothèques qui produisent leurs effets indépendamment de toute inscription, ainsi celles du mineur, de l'interdit, de la femme mariée (art. 2135). Ces personnes peuvent-elles, en vertu de leur hypothèque légale, s'opposer à la résolution de la vente après l'extinction du privilége ? Je le crois. En effet, si le législateur les dispense d'inscription, c'est qu'il considère que la publicité de l'hypothèque résulte virtuellement de la publicité de la tutelle, de l'interdiction, du mariage.

A 8.

Par conséquent, le vendeur d'immeubles non payé qui laisse éteindre son privilége, quand le bien est entre les mains d'un acquéreur ou sous-acquéreur qui est tuteur ou mari, sait que l'hypothèque légale frappe cet immeuble, et il n'a plus alors la faculté de poursuivre la résolution de la vente, puisque l'hypothèque légale est conservée conformément aux lois.

Puisque l'on exige que le droit ait été conservé conformément aux lois pour que le défaut de publicité de l'action résolutoire puisse être invoqué, il en résulte que le légataire particulier de l'immeuble, institué par l'acquéreur ou les sous-acquéreurs, n'a pas le droit de repousser l'exercice de l'action résolutoire en se fondant sur l'art. 7 de la loi de 1855, parce que les acquisitions testamentaires ne sont pas soumises à la publicité. Par conséquent, quoique le privilége soit éteint, la résolution procède efficacement contre lui.

129. — Pour terminer, remarquons que pour être tiers, il faut, outre la réunion des trois conditions précédentes, que la personne qui veut se prévaloir du défaut de publicité de l'action en résolution ne soit pas chargée elle-même de veiller à la conservation du privilége, soit en son propre nom, soit comme héritière ou représentant de celui qui en était chargé (art. 941). Enfin, si l'ayant-cause a traité frauduleusement avec l'acquéreur pour empêcher les effets de la résolution, elle peut être poursuivie contre lui : « *fraus omnia corrumpit* ».

130. — Notre réponse à la question que nous avons posée est la suivante : Sont tiers et peuvent opposer le défaut de publicité de l'action résolutoire, les ayants-cause à titre particulier de l'acquéreur ou d'un sous-

acquéreur quelconque, non chargés de faire par eux-mêmes ou comme héritiers du vendeur la publicité du privilége, qui ont acquis sans fraude sur l'immeuble un droit réel, ou un droit personnel soumis à la transcription, et qui l'ont conservé en se conformant aux lois.

131. — II. *Applications des principes précédents.* — Parmi les applications que nous allons parcourir, il y en a qui ne sont pas contestées. Il n'est pas douteux que les sous-acquéreurs de la propriété de l'immeuble, ou d'un des démembrements du droit de propriété, tels que les servitudes, l'usufruit, l'usage, l'habitation, après avoir transcrit leur titre, peuvent se prévaloir du défaut de publicité de l'action en résolution, et s'opposer à ce qu'elle soit poursuivie, quand le privilége est éteint. Il en est de même pour les créanciers hypothécaires conventionnels, pour le créancier antichrésiste et le fermier d'un bail de plus de dix-huit ans ; quand ils ont publié leur droit, la résolution de la vente ne peut être prononcée contre eux. Toutes ces personnes, en effet, sont des ayants-cause à titre particulier de l'acquéreur, qui ont acquis un droit sur l'immeuble soumis à la publicité et l'ont conservé en se conformant aux lois.

132. — Mais la difficulté surgit, si l'on est en présence de créanciers à hypothèque judiciaire, ou de créanciers qui, après la mort de l'acquéreur, ont demandé la séparation des patrimoines et fait inscrire leur privilége, ou de créanciers pour lesquels, en cas de faillite de l'acquéreur, le syndic a pris inscription en vertu de l'art. 490, C. com. Que faut-il décider dans toutes ces hypothèses, ces divers créanciers sont-ils des tiers au sens de l'art. 7 ?

Pour leur dénier la qualité de tiers pouvant opposer le défaut de publicité de l'action résolutoire on raisonne ainsi : Ces créanciers, avant d'avoir acquis une autre garantie, sont simplement des créanciers chirographaires. Or, en cette qualité, ils sont censés légalement connaître l'existence de l'action en résolution, puisque cette action n'a pas besoin d'être publiée à l'égard de cette catégorie de personnes. Donc plus tard, quand ils ont acquis soit une hypothèque judiciaire, ou demandé la séparation des patrimoines. ou fait inscrire l'hypothèque de l'art. 490, ils ne peuvent prétendre que l'action en résolution n'a pas été portée à leur connaissance et invoquer le défaut de publicité de cette action, par conséquent, le vendeur, après l'extinction de son privilége, a le droit de faire prononcer et de poursuivre contre eux la résolution de la vente. — Cette argumentation ne me paraît pas exacte ; elle repose, à mon avis, sur une base qui n'est pas juste. En effet, si l'action en résolution, même non publiée, est opposable aux créanciers chirographaires de l'acheteur, ce n'est pas parce que la loi présume qu'elle est connue d'eux, mais parce que ces créanciers doivent respecter tous les actes honnêtes de leur débiteur ; ce dernier, à leur égard, reste libre d'administrer ses biens comme il l'entend, à la condition cependant qu'il ne commette aucun acte frauduleux. Donc le principe même sur lequel repose cette argumentation n'est pas juste ; il faut en rejeter les conséquences. — Reprenons maintenant chacun de ces cas en particulier et voyons si les conditions exigées par l'art. 7 se trouvent réunies.

133. — 1° *Hypothèque judiciaire.* — Elle constitue un droit réel, soumis à la nécessité de l'inscription pour

être efficace, qui grève tous les immeubles appartenant
au débiteur (art. 2114, 2123, 2134). Donc, quand le créancier chirographaire de l'acheteur prend inscription,
en vertu d'un jugement, sur les immeubles de celui-ci,
il acquiert sur le bien vendu, du chef de l'acheteur, un
droit réel soumis à la publicité et conservé conformément aux lois. Par conséquent, il est un tiers et peut
se prévaloir du défaut de publicité de l'action résolutoire et s'opposer à ce qu'elle soit poursuivie contre lui,
quand le privilége est éteint.

134. — 2° *Séparation des patrimoines.* — A mon avis,
la séparation des patrimoines constitue un véritable
privilége qui appartient à chaque créancier individuellement sur chaque bien de la succession. Sans entrer
plus avant dans l'examen de cette grande controversé
qui m'entraînerait trop loin, je fonde mon opinion sur
les art. 2111 et 2113, qui me paraissent décisifs. Le
premier, l'art. 2111, qualifie formellement ce droit de
privilége sur les immeubles de la succession. Or, l'importance de cette dénomination n'a pas échappé au
législateur qui rédigeait alors la section IV, s'occupant
de la conservation des priviléges immobiliers. De plus,
ce même texte subordonne l'efficacité du privilége à la
prise d'inscriptions sur chacun des biens, dans les six
mois à compter de l'ouverture de la succession, et décide comme conséquence qu'aucune hypothèque consentie dans cet intervalle par les héritiers ne peut être
opposée aux créanciers et légataires de la succession ;
de là, je conclus que les héritiers ne peuvent a *fortiori*
aliéner les immeubles et faire disparaître le droit de
suite que la séparation demandée et inscrite engendre
au profit des créanciers. En outre, aux termes de l'ar-

ticle 2113, « toutes créances privilégiées soumises à la
« formalité de l'inscription, à l'égard desquelles les
« conditions ci-dessus prescrites pour conserver le
« privilége n'ont pas été accomplies, ne cessent pas
« néanmoins d'être hypothécaires ; mais l'hypothèque
« ne date, à l'égard des tiers, que de l'époque des ins-
« criptions. »

En supposant donc que l'inscription du privilége
n'ait pas été prise dans le délai fixé, une inscription
ultérieure le ferait dégénérer en hypothèque et donne-
rait au créancier le droit de suite ; à plus forte raison
ce droit doit-il exister pour lui quand il a satisfait à la
loi. Donc nous concluons que la séparation des patrimoines emporte droit de suite. — Mais elle emporte
aussi un droit de préférence, car c'est grâce à elle que
les créanciers de la succession, devenus par l'adi-
tion créanciers de l'héritier, se font payer sur les biens
de la succession par préférence à ceux-ci, elle constitue donc bien un véritable privilége.

135. — Partant, le créancier chirographaire ,qui
après la mort de l'acquéreur demande la séparation des
patrimoines et inscrit son privilége sur l'immeuble
vendu, a le droit d'invoquer le défaut de publicité
de l'action résolutoire, car il est tiers ayant acquis, du
chef de l'acheteur, un droit sur l'immeuble qu'il a conservé conformément aux lois.

136. — 3° *Faillite de l'acquéreur.* — Indiquons l'espèce : au moment où la faillite est déclarée, le vendeur
d'immeubles n'a pas inscrit son privilége ; en vertu de
l'art. 448, C. com., ce privilége ne peut plus être rendu public, il est éteint au regard des créanciers de la faillite.
Le syndic prend alors inscription au nom de la masse

sur les immeubles du failli, en vertu de l'art. 490, 3ᵉ al.,
C. com. Les choses étant dans cet état, le vendeur peut-il
faire prononcer la résolution de la vente contre les
créanciers de la faillite, ou ceux-ci sont-ils des tiers
pouvant opposer à cette action le défaut de publicité
du privilége, et partant, l'extinction du droit de résolution?

137. — A mon avis, les créanciers sont des tiers
ayant acquis, du chef de l'acheteur, un droit réel sur
l'immeuble, qu'ils ont conservé en se conformant aux
lois. En effet, ces créanciers ont bien un droit réel sur
l'immeuble soumis à la publicité puisque, d'une part,
aux termes de l'art. 517, C. com., ce droit est une *hypothèque*, et que l'hypothèque est un droit réel, et que
d'autre part, l'art. 490, 3ᵉ al., le subordonne à la nécessité d'une inscription. Par conséquent, comme il s'agit
de personnes ayant traité avec l'acquéreur, nous nous
trouvons littéralement dans les termes de l'art. 7 de
la loi de 1855, et la masse peut se prévaloir du défaut
de publicité de l'action en résolution.

138. — Des auteurs n'ont pas voulu admettre ce
résultat et ils ont contesté que la masse eût une hypothèque sur les biens du failli. Une hypothèque, ont-ils
dit, confère le droit de préférence et le droit de suite.
Or voyons à quoi pourrait servir l'hypothèque de la
masse à ce double point de vue. Le droit de préférence
suppose un droit que des créanciers s'opposent l'un à
l'autre ; or les créanciers de la faillite ne peuvent
s'opposer entre eux l'hypothèque de l'art. 490 ; elle ne
leur accorde pas de droit de préférence les uns sur
les autres. Donc elle est inutile. Elle l'est également,
si on veut se prévaloir de cette hypothèque contre les

créanciers postérieurs à la faillite; car, vis-à-vis de
ceux-là, la masse est armée de l'art. 443 qui a dessaisi
le failli de l'administration de tous ses biens; elle n'a
qu'à invoquer ce texte, sans avoir besoin de recourir
à son hypothèque, pour écarter ces créanciers. Par
conséquent on ne voit pas de place au droit de préférence.

Le droit de suite ne se comprend pas non plus, car
il suppose une aliénation. Or cette aliénation est
impossible en présence du dessaisissement dont le
failli est frappé. Donc l'hypothèque est inutile en tant
qu'elle confère un droit de suite. Par conséquent, con-
cluent ces auteurs, la loi n'a pu accorder à la masse
une véritable hypothèque puisque, en se plaçant aux deux
points de vue que l'on envisage habituellement pour
concevoir l'utilité de l'hypothèque, on trouve que l'hypothèque de l'art. 490 est inutile et sans intérêt. Donc
ce n'est pas une véritable hypothèque. Mais qu'est-ce
donc alors? En exigeant la prise d'une inscription
sur les biens du failli, le législateur a voulu porter la
faillite à la connaissance des tiers; il n'y a, dans l'ensemble des formalités prescrites, qu'une mesure de
publicité faite dans l'intérêt de ceux qui pourraient
traiter avec le failli. Partant cette publicité ne crée
aucun droit particulier au profit de la masse, ce n'est
pas pour elle qu'elle intervient. Donc la masse ne peut
s'en prévaloir contre le vendeur qui agit valablement
en résolution après avoir laissé éteindre son privilége.

139. — Cette opinion ne doit pas être admise, car
elle est manifestement contraire à l'art. 517, qui
accorde une hypothèque à la masse. En outre, l'expli-

cation qu'elle donne de la nécessité d'une inscription n'est pas satisfaisante : ce n'est pas comme simple mesure de publicité que le législateur envisage l'inscription ; quand il la prescrit, c'est qu'elle a pour origine et pour cause un droit, une hypothèque ou un privilége : sans droit préexistant, pas d'inscription de ce droit. Enfin l'hypothèque accordée à la masse est utile aux créanciers : ne serait-ce que dans l'hypothèse qui nous occupe, elle leur permet de s'opposer à ce que la résolution de la vente soit prononcée. Elle est donc, en ce cas, d'une utilité considérable, et cela suffit pour qu'elle soit admise.

140. — Par application des principes précédemment exposés, mais en sens inverse, nous décidons que les créanciers chirographaires de l'acquéreur ne sont pas des tiers au sens de l'art. 7 de la loi de 1855. Dès lors contre eux le vendeur non payé a toujours la faculté de faire prononcer la résolution de la vente, sans qu'ils puissent s'y opposer, malgré l'extinction du privilége. Ils n'ont en effet sur le patrimoine de leur débiteur qu'un droit de gage général imparfait, suivant toutes les fluctuations de ce patrimoine ; ils ne sont pas tiers, mais de simples ayants-cause soumis à toutes les éventualités bonnes ou mauvaises de l'avenir. Or la résolution de la vente, si elle est prononcée, constitue précisément une de ces éventualités mauvaises qu'ils doivent subir, parce qu'ils ont suivi la foi de leur débiteur ; le tout, bien entendu, sauf le cas de collusion ou de fraude de la part de celui-ci avec le vendeur non payé.

141. — Ces principes doivent être appliqués même au cas où l'acquéreur est mort et lorsque sa succes-

sion est acceptée sous bénéfice d'inventaire. L'acceptation de la succession sous bénéfice d'inventaire ne
permet pas au vendeur de conserver son privilége à
l'égard des tiers par une inscription ou transcription
postérieure au décès de l'acheteur (art. 2146), mais
elle ne modifie en rien les droits des créanciers chirographaires du défunt sur son patrimoine ; ces droits
restent ce qu'ils étaient, c'est toujours le droit de gage
général imparfait de l'art. 2093, mais rien de plus.
Aucun droit réel ne résulte de l'acceptation bénéficiaire au profit des créanciers. Donc ils ne sont pas
tiers et ne peuvent se prévaloir du défaut de publicité de
l'action résolutoire.

142.— Pour terminer l'explication de l'art. 7 de la loi du
23 mars 1855, il me reste une dernière question à examiner.— On sait que dans les ventes d'immeubles faites aux
enchères et en justice, les divers intéressés, à défaut
de paiement du prix et d'exécution des autres charges
de l'adjudication, jouissent du droit de poursuivre la
revente de l'immeuble sur folle enchère (art. 733 à 740,
C. proc.). Cela étant, supposons que le vendeur, ayant
perdu son privilége après une vente publique volontaire, demande à poursuivre la revente sur folle enchère pour inexécution des clauses du cahier des
charges. L'immeuble est actuellement entre les mains
d'un tiers acquéreur de l'adjudicataire qui a fait transcrire son titre. Ce dernier peut-il s'opposer à la revente
sur folle enchère en se fondant sur l'art. 7 de la loi
de 1855?

Dans un premier système, on soutient que la poursuite en folle enchère, lorsqu'elle est exercée par le
vendeur de l'immeuble, est de tout point assimilable à

l'action résolutoire et, par suite, soumise à l'application de l'art. 7 de la loi de 1855. On argumente de la généralité du texte qui ne distingue pas entre les ventes faites en justice et les ventes amiables, il faut donc l'appliquer dans tous les cas. Du reste, la folle enchère opère une véritable résolution de l'adjudication ; la première adjudication est anéantie et fait place à une nouvelle ; elle ne diffère de la résolution proprement dite qu'en ce qu'elle ne fait arriver dans les mains du vendeur que le prix de la dernière adjudication, au lieu d'y faire rentrer l'immeuble lui-même. Donc, puisqu'il s'agit ici de l'exercice d'une action résolutoire, le tiers qui a acquis des droits de l'adjudicataire et les a conservés en se conformant aux lois, peut se prévaloir de l'extinction du privilége entraînant la perte de l'action en résolution.

Ce système doit être rejeté. On ne saurait, en effet, assimiler la poursuite en folle enchère à l'action en résolution naissant de l'art. 1654, car la folle enchère n'est pas une résolution. La revente de l'immeuble substitue simplement dans la propriété du bien un nouvel adjudicataire à l'ancien ; mais le contrat précédent n'est pas résolu, cela résulte de l'art. 740, C. pr., aux termes duquel l'ancien adjudicataire reste débiteur de la différence entre le prix de l'adjudication primitive et le prix de la revente sur folle enchère. Un argument analogue se déduit de l'art. 779, C. pr., d'après lequel, lorsque l'adjudication sur folle enchère intervient dans le cours de l'ordre, et même après le règlement définitif et la délivrance des bordereaux, il n'y a pas lieu à une nouvelle procédure, le juge modifie simplement l'état de collocation suivant les résultats de l'adjudication et rend les bordereaux exécutoires contre le nouvel adjudicataire. Or ces décisions sont incompatibles avec la résolution de la première adjudication. Si elle avait lieu, le premier adjudicataire ne serait pas tenu, aux termes de l'art. 740, et il serait nécessaire de recommencer la procédure. Par conséquent, le sous-acquéreur d'un adjudicataire qui ne remplit pas ses obligations n'est pas un tiers pouvant se prévaloir du défaut de publicité du privilége.

CHAPITRE III

Du privilége

Motifs et caractères du privilége

143. — L'art. 2095 définit ainsi le privilége : « Le privilége est un droit que la qualité de la créance donne à un créancier d'être préféré aux autres créanciers, même hypothécaires ». Le privilége a donc son principe et sa raison d'être dans la *qualité*, c'est-à-dire dans la *cause* de la créance ; c'est la faveur que mérite cette créance qui est l'origine et le motif de la garantie particulière accordée par la loi. — On fait ici l'application de cette maxime du droit romain : « Privilegia non ex tempore æstimantur, sed ex causa » (L. 32, D., XLII, 5.) Mais le privilége de notre droit diffère essentiellement du privilége que reconnaissait la législation romaine. En effet, à Rome, le privilége ne

donnait pas naissance à un droit réel, ce n'était qu'une cause de préférence par laquelle le créancier privilégié primait uniquement les créanciers chirographaires et était primé par les créanciers hypothécaires du débiteur; tandis que, dans notre droit, l'hypothèque cède le pas au privilége, le créancier privilégié prime le créancier hypothécaire. Mais ceci ne doit pas être pris dans un sens trop absolu. Il est évident que si un débiteur consent une hypothèque sur un immeuble à son créancier, et qu'ensuite il aliéne le bien, le privilége qui découle de la vente ne passera qu'après la créance hypothécaire, car le créancier hypothécaire a acquis un droit réel sur l'immeuble, et par conséquent le privilége du vendeur ne peut que frapper la partie libre et franche du fonds.

144. — Les rédacteurs du Code civil se sont donc inspirés de la faveur que mérite la créance du vendeur d'immeubles non payé, quand ils lui ont accordé un privilége dans l'art. 2103-1°. En effet, le vendeur augmente le gage des créanciers de l'acheteur en faisant entrer dans le patrimoine de celui-ci l'immeuble vendu. S'il était obligé de subir leur concours, il en résulterait pour lui une perte et pour les créanciers une augmentation de leur part. Ce résultat serait inique ; il est juste que, puisque la vente fait entrer dans le patrimoine de l'acquéreur une valeur nouvelle, ce soit celui qui l'a transmise qui soit privilégié sur le prix. En outre, en adoptant cette décision, les rédacteurs ont suivi les traces de notre ancienne jurisprudence et de la loi du 11 brumaire an VII ; ils n'ont donc fait que se conformer à la tradition.

145. — Quelle est la nature du privilége du vendeur

d'immeubles, quels sont ses caractères ? Le privilége donne au vendeur le *droit de préférence* et le *droit de suite*. Le droit de préférence lui permet de se faire payer sur l'immeuble vendu avant tous les créanciers de l'acheteur, sans distinction entre les créanciers chirographaires ou hypothécaires. Le droit de suite lui donne la faculté de suivre l'immeuble en quelques mains qu'il se trouve, pour être colloqué et payé à son rang ; de sorte qu'il n'a pas à tenir compte des aliénations faites par son débiteur (art. 2095 et 2166). Ces effets sont précisément ceux que produit l'hypothèque. Nous en concluons que le privilége et l'hypothèque présentent les mêmes caractères. Cela, du reste, est formellement autorisé par l'art. 2113, d'après lequel les priviléges immobiliers dégénèrent en simples hypothèques quand ils n'ont pas été rendus publics par une inscription.

Nous dirons donc, en premier lieu, que le privilége du vendeur est un droit réel affecté à l'acquittement de la créance du prix. Au premier abord, ce caractère de réalité paraît extraordinaire, car l'art. 543, qui énumère les droits réels, ne parle pas du privilége. Mais tout le monde reconnaît que l'énumération de ce texte n'est pas complète, qu'il y a d'autres droits réels que ceux qu'il mentionne ; ainsi l'hypothèque est incontestablement un droit réel, et elle ne figure pas dans l'art. 543 ; il en est de même du privilége du vendeur. La raison de cela est que cet article ne s'occupe que des droits réels principaux et passe sous silence les droits réels accessoires, c'est-à-dire ceux qui n'ont pas par eux-mêmes une vie propre et indépendante et ne peuvent exister qu'à la condition de s'appuyer sur un

droit principal, un droit de créance. Il est donc bien
certain que le privilége du vendeur est un droit réel.
Mais quelle est sa nature? Est-ce un droit mobilier ou
immobilier?

146. — Des auteurs ont prétendu que le privilége du
vendeur d'immeubles était mobilier. Ils ont invoqué un
premier argument fondé sur l'adage : « Actio quæ
tendit ad quid mobile, mobilis est. » Or le privilége
tend à obtenir une somme d'argent, le prix, qui est
une chose mobilière. Donc le privilége est mobilier. En
second lieu, ils ont ajouté que, pour déterminer la nature du droit accessoire, il fallait envisager la nature
du droit principal. Or le droit principal, le prix, est
mobilier. Donc le droit accessoire, le privilége, est
mobilier : « Accessorium sequitur principale. » Cette
argumentation n'est pas concluante.

Le premier argument que l'on invoque est inexact,
parce que l'adage : « Actio quæ tendit ad quid mobile,
mobilis est », ne s'applique qu'aux droits de créance et
non aux droits réels. Quand on est en présence d'un
droit réel, pour en déterminer la nature, il faut rechercher sur quoi il porte. Frappe-t-il un meuble, il est mobilier ; frappe-t-il un immeuble, il est immobilier. Ce
qui démontre la vérité de ce principe, c'est l'art. 526.
d'après lequel l'usufruit sur un immeuble est un droit
immobilier ; et cependant cet usufruit a pour but d'obtenir des fruits, c'est-à-dire des choses mobilières.
Quant à la maxime : « Accessorium sequitur principale, » elle est sans application dans la question. On
ne peut l'invoquer que quand il s'agit de déterminer
les conséquences de la transmission de la créance
principale pour décider que le transport du principal

implique la cession de l'accessoire : c'est là tout le
champ d'application que l'on reconnaît raisonnable-
ment à cet adage. Comme nous sommes en dehors de
cette idée, on ne peut l'invoquer. Par conséquent nous
concluons que le privilége portant sur un immeuble
constitue un droit immobilier.

147. — Comme l'hypothèque, le privilége est indivisible (art. 2114, 2ᵉ al.). Qu'est-ce à dire ? Cette indivi-
sibilité se conçoit à un double point de vue : d'une
part, chaque partie de la créance est garantie par la
totalité de l'immeuble ; d'autre part, chaque partie de
l'immeuble garantit la totalité de la créance ; de telle
sorte que si le tiers, la moitié, les trois quarts du prix
sont payés, ce qui reste dû est garanti par l'immeuble
tout entier, et si une parcelle quelconque de l'immeuble
est aliénée, le tiers détenteur est tenu de payer la totalité de la somme ou d'abandonner la parcelle acquise.

148. — Le privilége du vendeur est-il un *droit
retenu* sur l'immeuble et réservé par l'aliénateur, ou
bien est-ce un droit que la loi crée, auquel elle donne
naissance au moment de la vente ? Cette question a
donné lieu à un débat très intéressant entre deux émi-
nents professeurs de la Faculté de Paris, MM. Valette
et Duverger (1); elle est très difficile. Nous allons
cependant essayer de dégager les traits principaux
des systèmes émis sur ce point. Indiquons de suite un
intérêt pratique : si le vendeur retient un démembrement de la propriété, le défaut de transcription avant
le jugement qui déclare la faillite de l'acheteur, ne

(1) Voyez *Revue pratique*, t. X et XVI, et une monographie de
M. Valette : *De l'effet ordinaire de l'inscription en matière de priviléges sur les immeubles.*

dépouille pas le vendeur de son privilége ; tandis que, si l'on admet l'opinion contraire, le vendeur, après la faillite de l'acquéreur, ne peut inscrire utilement son privilége à cause de l'art. 448 du Code de commerce; il s'en trouve dépouillé.

149. — Dans une opinion, on envisage le privilége du vendeur comme un droit retenu et réservé par celui-ci lors de l'aliénation : de telle sorte que la vente ne transférerait pas une propriété complète à l'acquéreur ; un démembrement de la propriété resterait entre les mains de l'acheteur pour lui garantir le paiement du prix, ce serait le privilége : la situation aurait de l'analogie avec celle d'un vendeur qui retient sur le fonds un droit d'usufruit ou une servitude quelconque ; l'immeuble n'est alors transmis que grevé de ce droit réel. — Il semble, à première vue, que cette doctrine trouve un argument puissant dans les origines que nous avons assignées au privilége du vendeur d'immeubles. Nous avons dit, en effet, que le privilége découlait du *précaire* qui était en usage à Rome. Or, dans le précaire, ajouté accessoirement à une vente d'immeubles, le concédant ne se réservait pas seulement un démembrement de la propriété, mais la propriété tout entière de la chose. Notre ancien droit n'était pas allé jusque-là, en ce sens qu'il ne faisait résulter de la clause de précaire qu'une hypothèque spéciale et privilégiée ; mais, d'un autre côté, il avait fait plus que le droit romain, en considérant ce pacte comme virtuellement sous-entendu dans toute aliénation immobilière. Toutefois, l'hypothèque qui en résultait avait toujours pour cause l'idée de rétention ; on présumait, en l'absence d'une volonté manifestée à cet

égard par le vendeur, qu'il avait voulu aliéner l'immeuble, déduction faite de ce droit réel. Donc, peut-on
dire, le privilége du vendeur constitue, comme l'hypothèque de notre ancien droit, un droit réel retenu sur
l'immeuble au moment de l'aliénation.

Cependant cette argumentation me paraît contestable; je ne crois pas que nos anciens jurisconsultes
aient envisagé ainsi les effets du précaire. Ni Serres,
ni Despeisses, ne nous signalent ce point de vue (n° 67).
Ils paraissent plutôt considérer la tradition consécutive
à la vente comme opérant un transport complet de la
propriété de la chose, et l'hypothèque prend alors
naissance pour assurer au vendeur le paiement du
prix ; ils disent, en effet, que le précaire « n'empêche
pas la translation de propriété et n'opère qu'une
hypothèque » (loc. cit.). Cette assertion est à remarquer ; car ces jurisconsultes la signalent précisément
comme constituant une différence avec la législation
romaine : il est bien évident que s'ils avaient vu dans
l'hypothèque un droit retenu, ils n'auraient pas constaté une différence aussi notable entre le droit romain
et la jurisprudence de leur époque. Donc je suis en
droit de dire que la doctrine envisageant le privilége
comme un droit retenu sur l'immeuble n'a pas de
racines dans notre ancienne législation.

150. — Où a-t-on donc trouvé l'origine de cette
théorie ? C'est l'interprétation de l'art. 2106 qui lui a
donné naissance. Ce texte est ainsi conçu : « Entre les
créanciers, les priviléges ne produisent d'effet, à
l'égard des immeubles, qu'autant qu'ils sont rendus
publics par une inscription sur les registres du conservateur des hypothèques, de la manière déterminée

par la loi, et à compter de la date de cette inscription, sous les seules exceptions qui suivent ».

Cet article comprend deux propositions : la première proclame le principe de la publicité des priviléges immobiliers pour qu'ils soient efficaces ; c'est la consécration des bases de notre régime hypothécaire. La seconde décide que les priviléges n'ont d'effet qu'à compter de la date de leur inscription ; il y aurait donc, à ce point de vue, quelque chose d'analogue à l'inscription des hypothèques qui ne produisent effet qu'à compter de leur date d'inscription (art. 2134). Peut-on admettre cette interprétation de la seconde proposition de l'art. 2106 ? Evidemment non. D'une part, en effet, les priviléges sont attachés à la qualité de la créance, et la préférence se détermine par la faveur que mérite cette créance. D'autre part, dans l'art. 2113, on prévoit le cas où le créancier privilégié n'a pas pris inscription : le privilége dégénère alors en une hypothèque prenant rang à la date de son inscription. Ce texte est évidemment une sanction de l'art. 2106. Mais on ne peut l'envisager comme une sanction du défaut de publicité, si l'art. 2106 dit la même chose que lui. Dès lors la seconde proposition, qui semble résulter de l'art. 2106, n'est pas exacte.

151. — Pour bien comprendre la portée de cet article il faut, dit-on, consulter la tradition ; et, sur ce point, la tradition est dans la loi du 11 brumaire an VII. Sous cette loi, les priviléges immobiliers devaient être publiés par une inscription antérieure ou concomitante à la naissance du privilége. Elle reconnaissait deux priviléges spéciaux sur les immeubles : le privilége des ouvriers et des architectes, et le privilége

du vendeur. La conservation de l'un était subordonnée à l'inscription du premier procès-verbal constatant les travaux à faire, avant le commencement des ouvrages (art. 13). La conservation de l'autre avait lieu par la transcription de l'acte de vente constatant que tout ou partie du prix était encore dû (art. 29). Par conséquent, la publicité du privilége était ou antérieure à la naissance du droit, ou concomitante. Ce sont ces idées que l'art. 2106 *in fine* consacre. On comprend, du reste, parfaitement que la loi l'ait décidé ainsi. En effet, dans un bon régime hypothécaire, tout droit réel, dès qu'il commence à produire des effets à l'égard des tiers, doit être porté à la connaissance du public ; il importe que ceux qui traitent avec l'acheteur d'un immeuble sachent que cet immeuble est grevé de charges qui en diminuent la valeur. Il est vrai que l'art. 2106 impliquait ainsi qu'on maintiendrait la transcription pour le transport de la propriété. Mais si le Code l'a rejetée, la loi du 23 mars 1855 a rétabli la transcription et rendu toute son utilité à l'art. 2106.

152. — Mais cette explication de l'art. 2106, donnée par M. Valette, encourait une grave critique. En envisageant la transcription de la vente, qui donnait la publicité au privilége, comme introduite en faveur des créanciers de l'acheteur, des tiers qui traiteraient avec lui, on était amené à dire que la transcription, sous l'empire de la loi de brumaire, était nécessaire pour opérer le transport de la propriété à l'égard de tous les tiers, des ayants-cause du vendeur comme de l'acheteur. Or, l'art. 26 de cette loi dit formellement que la transcription n'est utile, pour opérer le transfert de la propriété, qu'à l'égard des ayants-cause du vendeur.

Donc elle est sans intérêt pour ceux qui ont traité avec l'acheteur. La loi du 23 mars 1855 ayant rétabli les principes de la loi de brumaire, la même objection pouvait être faite en se fondant sur l'art. 3 de cette loi. Par conséquent, ou l'interprétation précédente devait être modifiée, ou il fallait admettre que la transcription était nécessaire pour transférer la propriété à l'égard des ayants-cause du vendeur et de l'acheteur.

153. — M. Valette ne pouvait adopter ce dernier parti, parce qu'il est manifestement contraire aux principes en matière de transcription. Il fut donc contraint de modifier son explication de l'art. 2106, et il imagina d'envisager le privilége du vendeur comme un droit retenu sur l'immeuble. « La vérité, dit-il, est que le privilége du vendeur prime les hypothèques des créanciers de l'acquéreur, par ce motif d'une justesse frappante, que le bien n'est entré dans le patrimoine de l'acquéreur que moins le droit réel appelé privilége, lequel a été retenu et réservé par l'aliénateur. » Par conséquent, pour ce privilége, l'inscription ne serait pas requise, car la publicité n'est exigée que pour les acquisitions de droits : or, il s'agit ici d'un droit que le vendeur retient, il ne peut être question d'exiger de lui qu'il le publie. Cependant, ce n'est pas à dire que le privilége va subsister avec un caractère occulte et porter atteinte à ceux qui auront acquis des droits sur l'immeuble, du chef de l'acquéreur. Ceux-ci ont un moyen, quand ils traitent avec l'acheteur, de s'assurer si le privilége existe ou non, c'est d'exiger la transcription du contrat originaire d'acquisition ; en consultant la transcription, ils verront que l'acheteur n'a pas payé son prix, et ils traiteront avec lui en con-

naissance de cause. Si, au contraire, ils acceptent des droits sur l'immeuble sans s'être assurés que la transcription a eu lieu, ou sans exiger qu'elle soit faite pour rendre public le privilége, ils supporteront les conséquences de leur négligence parce qu'ils devaient veiller à leurs intérêts : ils ne peuvent se plaindre de ne l'avoir pas fait.

Voilà comment M. Valette est arrivé à considérer le privilége comme un droit retenu sur l'immeuble.

154. — Cette théorie doit être rejetée. En effet, on peut expliquer l'art. 2106 *in fine* de la manière suivante : Dans le projet de la commission, la publicité du régime hypothécaire n'avait pas été organisée. Le tribunal de cassation protesta contre ce système et demanda que les priviléges et les hypothèques fussent rendus publics. Il proposa à cet effet l'adoption d'un article ainsi conçu : « Les priviléges et les hypothèques n'ont d'effet que « par l'inscription, et les hypothèques ne prennent rang « qu'à compter de la date de cette inscription. » Cette proposition fut accueillie par le Conseil d'Etat et deux articles furent rédigés, l'un pour les priviléges, qui est devenu l'art. 2106, l'autre pour les hypothèques, l'article 2134 actuel. Malheureusement, en rédigeant l'art. 2106, on a mal copié la rédaction proposée par le tribunal de cassation : de là, la fin du texte qui ne semble donner effet aux priviléges qu'à compter de la date de leur inscription.

155. — Le privilége du vendeur ne peut être considéré comme un droit retenu sur l'immeuble lors de l'aliénation. Cette manière de voir est contraire aux art. 2095 et 2105. En effet, d'après l'art. 2095, c'est la

la qualité de la créance qui engendre le privilége, c'est
la faveur qu'elle mérite aux yeux de la loi qui est la
cause de la protection dont elle est entourée. Par conséquent, on ne peut pas dire que le privilége du vendeur ait sa base dans une idée de rétention. Celui qui
vend transfère complètement la propriété de sa chose
et devient créancier du prix. Pour garantir cette
créance éminemment favorable aux yeux du législateur, celui-ci crée un droit réel qui grève l'immeuble
et protége ainsi efficacement le vendeur. — En outre,
cette opinion est inconciliable avec la disposition de
l'art. 2105, d'après lequel les priviléges généraux sur
les meubles, à défaut de mobilier, s'étendent sur les
immeubles et passent avant les priviléges immobiliers.
Si le privilége du vendeur était un droit retenu sur
l'immeuble, analogue à un usufruit, à une servitude,
un créancier de l'acheteur, privilégié en vertu de l'article 2101, ne pourrait être payé avant le vendeur sur
le prix de l'immeuble, sans qu'il y eût une véritable
expropriation des droits de celui-ci. Or ce résultat est
inadmissible : le législateur n'a pu le consacrer dans
l'art. 2105. Donc le privilége ne constitue pas un droit
retenu par le vendeur lors de l'aliénation. C'est une
garantie qui lui est accordée par la loi, créée par elle en
raison de la qualité de sa créance.

156. — Nous concluons donc que le privilége est un
droit réel, immobilier, indivisible comme l'hypothèque.
L'art. 2103-1°, qui le consacre, est ainsi conçu : « Les
« créanciers privilégiés sur les immeubles sont : 1° Le
« vendeur, sur l'immeuble vendu, pour le paiement du
« prix; s'il y a plusieurs ventes successives dont le
« prix soit dû en tout ou en partie, le premier vendeur

« est préféré au second, le deuxième au troisième et
« ainsi de suite. »

157. — Nous diviserons nos explications de la manière suivante :

I. A quelles créances s'applique le privilége du vendeur d'immeubles ?

II. Sur quels biens il porte ?

III. Comment il se conserve ?

SECTION PREMIÈRE

A quelles créances s'applique le privilége?

158. — L'art. 2103-1° dispose que le vendeur est
privilégié *pour le paiement du prix*. On entend par *prix*
la somme d'argent fixée par les parties et que l'acheteur doit donner en équivalent de la chose achetée.
Telle est l'acception que l'on donne habituellement du
prix. Dès lors, quand le contrat de vente aura fixé la
somme due, ce sera cette créance qui sera privilégiée.
Elle jouira du privilége, quelle que soit la forme par
laquelle les parties ont constaté la conclusion du
contrat, que la vente ait été faite par acte authentique
ou sous seing privé. Remarquons toutefois que le prix
dont parle notre texte est la somme exprimée au contrat. Les suppléments ou augmentations de prix résultant de conventions particulières, auxquelles les parties
recourent trop souvent en vue de payer de moindres
droits d'enregistrement, seraient sans effet à l'égard des
créanciers de l'acquéreur. Le privilége ne vaudrait vis-
à-vis d'eux que pour le prix déclaré au contrat. Ces

conventions ont le caractère de contre-lettres qui, en principe, ne sont pas opposables aux tiers (article 1321).

159. — Mais le prix ne se présente pas toujours avec le caractère de simplicité que nous venons de supposer ; il peut y avoir des charges pécuniaires imposées par le contrat à l'acquéreur, des intérêts peuvent être dus, ainsi que des dommages-intérêts. Ces créances sont-elles privilégiées ? Peuvent-elles être considérées comme des éléments du prix ?

Un immeuble est vendu moyennant un prix principal à payer au vendeur, et en outre, à charge de payer une somme peu importante à une tierce personne. Dans ce cas, le privilége garantit les deux sommes réunies ; elles constituent la créance du prix, la représentation de la valeur de l'immeuble.

160. — Indépendamment du capital, le prix se compose encore des intérêts qui en sont l'accessoire. On admet généralement que les intérêts du prix de vente jouissent du même privilége que le principal, ils représentent en effet les fruits de l'immeuble dont jouit l'acheteur ; ils profiteraient entièrement à ses créanciers, si le vendeur n'était pas payé par privilége des intérêts du prix, ce serait injuste. Le vendeur doit donc être privilégié. Nous verrons plus tard, en étudiant les effets produits par la conservation du privilége, si ces intérêts ne sont privilégiés que pour deux années, plus l'année courante (art. 2151), ou s'il y a privilége pour tous les intérêts qui sont dus (n° 208).

161. — Les frais et loyaux coûts du contrat, honoraires du notaire, droits d'enregistrement et de transcription, sont-ils compris dans le prix de vente et

garantis par le privilége ? La question se présente lorsque le notaire s'adresse au vendeur et se fait payer des frais et loyaux coûts : il en a le droit quoique, en définitive, ces frais soient à la charge de l'acheteur (article 1593), car en doctrine et en jurisprudence, on considère les deux parties, vendeur et acheteur, comme étant des mandants vis-à-vis du notaire, et dès lors, celui-ci a contre chacun d'eux une action solidaire en paiement de ses déboursés (art. 2002).

Pour soutenir que ces frais ne rentrent pas dans la créance du prix et ne sont pas garantis par le privilége si le vendeur les paie, on raisonne ainsi : Le prix est l'équivalent de la chose vendue et l'acheteur en est débiteur vis-à-vis du vendeur. Or pour les frais dont il s'agit, l'acheteur en est débiteur vis-à-vis du notaire, de l'administration de l'enregistrement et du conservateur des hypothèques. Dès lors quand le vendeur les paie, il paie la dette d'autrui. Cette dette n'a rien de commun avec la créance du prix qui est seule privilégiée. — A mon avis, la créance des frais et loyaux coûts du contrat est privilégiée ; ils rentrent dans la créance du prix. En effet, chacune des parties en tient compte dans la fixation du prix. L'acheteur, qui supporte définitivement ces frais, en tient compte quand il offre au vendeur une somme déterminée pour l'immeuble : le vendeur, de son côté, pourrait exiger un prix plus élevé que celui qui lui est offert, si l'acquéreur n'avait pas de frais à payer. En somme, pour les parties l'immeuble vaut d'abord la somme capitale fixée, plus les frais nécessités pour l'acquisition. Par conséquent, quand le vendeur paie ces frais, il acquiert contre l'acheteur une véritable créance du prix, qui comme telle jouit du privilége. La Cour de cassation suit cette dernière opinion (DAL., 63, I, 184).

162. — Les dommages-intérêts dus au vendeur jouissent-ils du privilége ? Si nous supposons que le prix consiste exclusivement en une somme d'argent, les dommages-intérêts qui peuvent être dus en cas de non-paiement à l'époque fixée, ce sont les intérêts (art. 1153). Nous avons vu qu'ils rentraient dans la créance du prix à titre d'accessoires et jouissaient du privilége : la question ne se pose donc pas en ce cas. Mais supposons que l'acheteur s'engage, outre le paiement d'une somme d'argent, à accomplir un fait, qu'il n'accomplit pas. Le vendeur, de ce chef, le fait condamner à des dommages-intérêts. Ces dommages-intérêts sont-ils privilégiés ? On pourrait le soutenir, car la créance de dommages-intérêts représente une valeur mise dans le patrimoine du débiteur, et nous savons que c'est ce motif qui est le fondement du privilége. Cependant je ne crois pas cette opinion satisfaisante. L'argument que l'on invoque pour la justifier paraît juste à première vue ; mais si on réfléchit un peu, on voit qu'il présente quelque chose d'inexact. En effet, dans la détermination des dommages-intérêts le juge tient compte de la perte éprouvée par le vendeur *(damnum emergens)* et du gain dont il a été privé *(lucrum cessans)*. Or si le premier chef correspond bien à la mise d'une valeur dans le patrimoine de l'acheteur, le second ne présente pas ce caractère. Ces deux éléments sont indivisibles, on ne peut accorder le privilége à l'un et le refuser à l'autre. Donc il faut décider que la créance de dommages-intérêts n'est pas privilégiée, puisque le gain que le vendeur a manqué de faire ne jouit pas du privilége.

163. — Le privilége est attaché à la créance du prix ; donc si la créance est éteinte et remplacée par une autre créance, il ne peut plus être question de privilége, la créance privilégiée n'existe plus et la nouvelle créance n'est pas munie d'un privilége. Le vendeur doit donc bien se garder de nover sa créance, car il perdrait non-seulement le privilége, mais encore le droit de résolution. Du reste, conformément à la règle de l'art. 1273, la novation ne se présume pas, il faut que la volonté de l'opérer résulte clairement de l'acte. A cet égard, nous renvoyons à ce que nous avons dit au sujet de la novation de l'action en résolution (n° 113).

164. — Pour terminer nous devons rechercher si, en dehors de la vente, il y a place pour le privilége du vendeur, parce que le contrat ressemble à une vente. J'examinerai la question dans trois hypothèses : au cas de donation avec charges, d'échange avec et sans soulte, de réméré lorsque le réméré est exercé.

165. — *Donation avec charges.* — Primus fait à Secundus donation d'un immeuble d'une valeur de 100,000 francs, à charge par ce dernier de payer à Primus une rente viagère de 1,000 francs par an. Cette créance est-elle privilégiée? On l'a soutenu, parce que la créance du donateur se rattache à la mise d'une valeur dans le patrimoine du donataire, débiteur de la rente. Il y a même raison qu'elle jouisse du privilége que la créance du prix de vente. Donc il ne faut pas s'attacher judaïquement au texte de l'art. 2103-1°, qui ne parle que du vendeur, mais s'inspirer de l'esprit de la loi. Or, à ce point de vue, il est conforme aux principes de considérer cette créance comme privilégiée. Cette opinion me paraît contestable. Qu'en se plaçant au point de vue législatif, on la soutienne et qu'on la fasse adopter, je n'y vois nul inconvénient, je souscrirais même volontiers à la réforme. Mais il me semble impossible de la consacrer dans l'état actuel des textes. En matière de priviléges, tout est de droit étroit ; il ne faut pas sortir des termes de la loi. C'est un principe qu'on ne doit pas abandonner en cette matière. Or l'article 2103 ne parle que du vendeur ; donc la créance du donateur avec charges n'est pas privilégiée. — On pourrait objecter que Pothier admettait le privilége dans toute aliénation et non pas seulement dans la vente (*Des hypothèques*, ch. II, sect. III). Mais encore ici, je répondrai que la tradition est insuffisante pour donner naissance à un privilége, il faut un texte précis.

166. — *Échange avec ou sans soulte.* — Prenons le cas où il n'y a pas de soulte. Quand l'échange est fait sans soulte, il ne peut être question de privilége, nous n'avons pas une vente et pas de créance du prix. Cependant la question se présente, quand l'un des coéchangistes est évincé de la chose reçue en échange. Dans cette hypothèse, aux termes de l'art. 1705, celui qui souffre de l'éviction a le choix ou de répéter sa chose, ou de réclamer des dommages-intérêts. S'il répète le bien qu'il a donné, il ne peut y avoir lieu au privilége ; cela est certain puisqu'il n'y a pas de créance. Mais s'il demande des dommages-intérêts à son coéchangiste, la créance de dommages-intérêts est-elle privilégiée ? Pour le soutenir on invoque les principes : une valeur est entrée dans le patrimoine du débiteur, du chef du coéchangiste évincé, il est juste que celui-ci soit privilégié sur cette valeur. Du reste, si l'on envisage de près la situation, on voit que les éléments de la

vente se rencontrent ici. En effet, l'échange ayant eu pour objet la chose d'autrui, se trouve frappé de nullité, aux termes de l'art. 1599, et il n'y a plus qu'une vente : le coéchangiste évincé abandonne sa chose à son cocontractant moyennant une somme d'argent, un prix, que représente la créance de dommages-intérêts. Ce sont bien là les caractères de la vente. Par conséquent, la créance de dommages-intérêts est privilégiée.

Cette argumentation ne me paraît pas concluante. J'écarte l'argument de principe par un argument de texte. La loi n'accorde pas de privilége au coéchangiste évincé ; l'interprète n'a pas le droit de faire ce que le législateur n'a pas fait. En outre, il n'est pas exact de dire que nous ayons une vente avec ses caractères essentiels, car il n'y a pas de créance du prix ; le prix consiste en une somme d'argent représentant la valeur de l'immeuble vendu. Or la créance de dommages-intérêts s'apprécie eu égard à la valeur de l'immeuble évincé en tenant compte du *damnum emergens* et du *lucrum cessans :* elle résulte de l'inexécution d'une obligation, elle ne peut jouir du privilége.

Supposons un échange fait avec soulte ; le privilége garantit-il le paiement de la soulte ? Pour l'affirmative, des auteurs invoquent l'idée de mise d'une valeur dans le patrimoine du débiteur, et décomposent l'opération : il y a échange jusqu'à concurrence de la valeur de l'immeuble dont le prix est le moins élevé, et vente pour ce qui représente la valeur de la soulte. — Je n'admets pas ce système, car il viole les règles de l'interprétation en matière de priviléges ; l'esprit de la loi ne suffit pas pour légitimer une solution, il faut un texte précis qui fait défaut dans l'espèce. En outre, ce système divise ce que les parties ont uni ; si elles ont qualifié l'opération d'échange, il faut bien accepter la convention telle qu'elles l'ont entendue, d'autant plus qu'en définitive il y a un échange, puisqu'on donne un immeuble pour un autre. Le plus sûr est donc de se référer à l'intention des parties, et si elles ont voulu faire un échange, ce que nous avons supposé, on ne peut évidemment décider que le privilége existe.

167. — *Exercice du réméré.* — Un immeuble a été vendu avec faculté de rachat ; le réméré est exercé dans le délai légal, et l'acheteur livre le bien sans se prévaloir du droit de rétention que lui accorde l'article 1673 pour obtenir le paiement de tous ses déboursés, peut-il invoquer le privilége du vendeur ? Incontestablement non, car il ne s'agit pas ici d'une vente nouvelle ; l'acheteur à réméré ne revend pas l'immeuble à son vendeur : l'art. 1659 le démontre avec évidence lorsque, en définissant la faculté du rachat ou de réméré, il dit que c'est « un pacte par lequel le vendeur se réserve de *reprendre* la chose vendue, moyennant la *restitution* du prix principal et le remboursement dont il est parlé à l'art. 1673 ». Evidemment les expressions de la loi sont exclusives de toute idée d'une vente nouvelle ; l'exercice du réméré est une résolution de l'opération primitive.

Toutefois, si le réméré n'était pas exercé dans le délai légal ou conventionnel, la solution précédente ne pourrait être admise. Si l'acheteur à réméré consentait à céder l'immeuble à son vendeur, il y aurait une revente et, par conséquent, le privilége du vendeur prendrait naissance. — La Cour de cassation suit cette doctrine qui est, du reste, parfaitement conforme aux principes (DALLOZ, v° *Priviléges*, n° 480).

SECTION II

Sur quels biens porte le privilége?

168. — Nous rechercherons : 1° quels sont les immeubles à la vente desquels est attaché le privilége ; 2° dans quelles limites le privilége les grève?

§ 1er

Quels immeubles sont munis du privilége?

169. — Si nous n'avions, pour la solution de cette question, que la disposition de l'art. 2103, nous dirions que tous les biens qualifiés immeubles par le Code sont soumis au privilége du vendeur, car le texte, à cet égard, ne fait pas de restriction. Mais l'art. 2113 nous fournit un correctif. Il résulte de ce texte que le privilége n'est autre chose qu'une hypothèque privilégiée, par conséquent le mot immeuble doit être entendu, en ce qui concerne les priviléges, dans le même sens qu'en ce qui concerne les hypothèques. Quels sont donc les biens susceptibles d'hypothèques? La réponse est dans les art. 2118 et 2204 combinés. Il faut consulter ce dernier texte, parce que l'hypothèque donne le droit de faire vendre aux enchères le bien hypothéqué ; il n'y a donc que les biens suscep-

tibles d'être vendus aux enchères publiques qui peuvent être grevés d'une hypothèque. C'est à la vente de ces immeubles que le privilége est attaché.

L'art. 2118 est ainsi conçu : « Sont seuls susceptibles d'hypothèques :

« 1° Les biens immobiliers qui sont dans le commerce, et leurs accessoires réputés immeubles ;

« 2° L'usufruit des mêmes biens et accessoires pendant le temps de sa durée ».

170. — Le législateur moderne a classé les immeubles dans trois catégories distinctes : les immeubles par nature, les immeubles par destination, les immeubles par l'objet auquel ils s'appliquent. Nous devons ajouter à cette classification les valeurs mobilières auxquelles on a permis d'imprimer le caractère d'immeubles, postérieurement au Code civil.

171. — Dans la classe des immeubles par nature, il faut ranger : la pleine propriété d'un bien, la nue-propriété, la copropriété. Ces droits jouiront du privilége quand ils feront l'objet d'une vente. Mais que décider pour la superficie ? Le droit de superficie suppose qu'une ligne effleure le sol et sépare ce qui est au-dessus de ce qui est au-dessous : il met en présence deux personnes, dont l'une est propriétaire des plantations, constructions élevées sur le sol, et l'autre propriétaire du tréfonds. La vente de la superficie donne-t-elle naissance au privilége du vendeur ? La solution de la question dépend du point de savoir si la superficie est un droit de propriété distinct ou une servitude qui grève le fonds. Si elle ne constitue qu'une servitude, il n'y a pas de privilége, puisque les servitudes ne sont pas susceptibles d'hypothèques, et, par suite,

de privilége. Il en est autrement si la superficie est un droit de propriété véritable.

En droit romain, la superficie n'était pas un droit de propriété distinct, mais une servitude grevant le fonds ; les jurisconsultes suivaient rigoureusement cette maxime : « Quod in alieno solo ædificatur, solo cedit. » La loi 86, § 4, D. (30), qualifie formellement ce droit de servitude. Cette doctrine n'a pas été suivie par les rédacteurs du Code ; on en trouve la preuve dans deux textes, les art. 664 et 553. Le premier constate que les divers étages d'une maison peuvent appartenir à des propriétaires divers. Le second décide que la propriété d'une partie quelconque d'un bâtiment peut être acquise par prescription. Ces solutions impliquent que la superficie est un droit de propriété distinct. Par conséquent la vente de ce droit donne naissance au privilége.

A côté de la superficie se trouve le tréfonds ; il n'y a aucune difficulté à admettre le privilége, puisque le tréfonds est un véritable immeuble par nature. Rappelons, à ce sujet, les principes en matière de concession d'une mine. La concession d'une mine engendre une propriété immobilière d'stincte de celle de la surface. Par conséquent, la vente d'une mine est garantie par le privilége (art. 19 et 21 de la loi du 21 avril 1810).

172. — Les immeubles par destination sont énumérés par les art. 522 et suivants. Ce sont les objets mobiliers que le propriétaire d'un fonds y a placés pour le service et l'exploitation de ce fonds, et plus généralement tous les objets mobiliers que le propriétaire a attachés au fonds à perpétuelle demeure. C'est à eux que l'art. 2118-1° fait allusion quand il parle des

accessoires réputés immeubles. Donc tant que l'im-
mobilisation subsiste, ces objets sont garantis par le
privilége si l'immeuble sur lequel ils ont été placés
vient à être vendu ; mais le privilége cesse quand ils
sont séparés du fonds.

173. — Les immeubles par l'objet auquel ils s'appliquent sont, aux termes de l'art. 526 : l'usufruit des
choses immobilières, les servitudes ou services fonciers,
les actions qui tendent à revendiquer un immeuble.

La vente d'un droit d'usufruit sur un immeuble est
garantie par le privilége ; les art. 2118-2° et 2204 men-
tionnent en effet le droit d'usufruit comme susceptible
d'hypothèque et comme pouvant être vendu aux
enchères. Mais l'usufruit légal accordé par l'art. 384
au père durant le mariage, et après la dissolution du
mariage, au survivant des père et mère sur les biens
de leurs enfants jusqu'à l'âge de dix-huit ans, ne saurait être garanti par le privilége ; ce droit est un attri-
but de la puissance paternelle et ne constitue pas,
comme l'usufruit ordinaire, un démembrement de la
propriété, susceptible d'être vendu, hypothéqué ou
saisi séparément de celle-ci. On le décidait ainsi, dans
notre ancienne jurisprudence, pour le droit de garde
(Loisel, *Inst. I*, tit. 4, règ. 21). Les rédacteurs, en
cette matière, n'ont pas voulu modifier l'ancien droit.

Il y a d'autres droits semblables au droit d'usufruit ;
ainsi l'usage, l'habitation, le droit du preneur à bail,
le droit de l'emphytéote. Ces divers droits rentrent-ils
dans la dénomination d'usufruit de l'art. 2118-2° ?
Pour les droits d'usage et d'habitation aucun doute
ne surgit : ces droits ne sont pas cessibles (art. 631
et 634) ; ils ne peuvent donc pas être hypothéqués ni

par conséquent jouir du privilége. Mais, en ce qui concerne le droit du preneur à bail, on pourrait le considérer comme susceptible d'hypothèque s'il constitue un droit réel. Pour mon compte, je crois que ce n'est qu'un simple droit personnel de jouissance, et que l'art. 1743 n'a pas voulu lui attribuer le caractère de réalité. Donc la cession de ce droit ne saurait donner lieu au privilége. En ce qui concerne l'emphytéose, les avis sont partagés. On sait que l'emphytéose a pris naissance à Rome. Ce droit consistait dans la concession à perpétuité de la jouissance d'un fonds, à la charge par le preneur ou ses héritiers de payer régulièrement le prix du bail. Il permit à l'origine aux cités, et en général aux personnes morales, de tirer des revenus des fonds de terre qu'elles ne pouvaient exploiter par elles-mêmes ; plus tard, les riches particuliers le mirent en usage pour l'exploitation de leurs propriétés. Et bientôt, en raison du caractère de perpétuité qu'il présentait, on considéra le droit du preneur comme un droit réel (L. 3, § 4, D., XXVII, 9). Notre ancien droit recueillit l'emphytéose, et les glossateurs, interprétant mal le droit romain, imaginèrent de reconnaître à l'emphythéote une sorte de propriété qu'ils qualifièrent de domaine utile, parce que le droit romain lui donnait une action utile en revendication. La législation intermédiaire laissa d'abord subsister l'emphytéose avec le caractère de droit de propriété, mais il ne pouvait durer plus de 99 ans (art. 1er, loi des 18-29 décembre 1790). Toutefois les lois du 9 messidor an III et du 11 brumaire an VII modifièrent sa nature et le qualifièrent expressément *d'usufruit* ou de *jouissance à titre d'emphytéose*.

En présence de ces précédents législatifs, il nous paraît difficile d'admettre avec la jurisprudence que l'emphytéose temporaire constitue un droit de propriété. Mais est-ce un droit réel susceptible d'hypothèque? Des auteurs le prétendent en se fondant sur les art. 543, 526 et 2118, qui parlent des droits de jouissance ou d'usufruit. Or l'emphytéose, présentant ce caractère, rentrerait sous cette dénomination, et par conséquent l'emphytéote pourrait l'hypothéquer; il jouirait du privilége s'il cédait son droit. Je ne crois pas ce système admissible. Il ressort, en effet, jusqu'à l'évidence du rapprochement des articles précités et de l'ensemble des dispositions du titre III du livre II du Code civil, que les rédacteurs n'ont entendu désigner par le mot usufruit que le droit de jouissance viager, dont il est traité aux art. 578 à 624, et par les termes droits de jouissance, que les droits d'usufruit, d'usage et d'habitation. Donc l'emphytéose n'existe plus comme droit réel. Du reste, l'art. 2118 a été copié dans l'art. 6 de la loi du 11 brumaire an VII, et ce dernier texte mentionnait l'emphytéose comme susceptible d'hypothèque. Les rédacteurs du Code, en omettant l'emphytéose, ont montré qu'ils ne l'envisageaient pas comme droit réel donnant lieu au privilége en cas de vente.

L'art. 526 énumère, en second et troisième lieu, les servitudes et les actions immobilières. L'art. 2118 est muet sur ce point. Nous dirons donc que la vente d'une servitude, la cession d'une action immobilière, ne confère pas le privilége.

174. — Le décret du 16 janvier 1808, art. 7, permet d'immobiliser les actions de la Banque de France. Il

est ainsi conçu : « Les actionnaires de la Banque de France, qui voudront donner à leurs actions la qualité d'immeubles, en auront la faculté ; et, dans ce cas, ils en feront la déclaration dans la forme prescrite pour les transports. Cette déclaration une fois inscrite sur le registre, les actions immobilisées resteront soumises au Code civil et aux lois de privilége et d'hypothèque, comme les propriétés foncières : elles ne pourront être aliénées, et les priviléges et hypothèques être purgés qu'en se conformant au Code civil et aux lois relatives aux priviléges et hypothèques sur les propriétés foncières ». Par conséquent, la vente d'une action de la Banque de France immobilisée donne naissance au privilége du vendeur.

§ 2

Dans quelle mesure le privilége grève-t-il l'immeuble vendu ?

175. — Le privilége du vendeur d'inmeubles est un privilége spécial ; il ne peut donc porter que sur l'immeuble vendu, comme le dit, du reste, l'art. 2103.

176. — Aux termes de l'art. 2133, l'hypothèque acquise s'étend à toutes les améliorations survenues à l'immeuble hypothéqué. Ce principe s'applique-t-il au privilége du vendeur ? La question est controversée. A notre avis, elle doit être résolue affirmativement. Le privilége n'est autre qu'une hypothèque privilégiée ; l'art. 2113 le dit, quand les formalités prescrites pour la publicité n'ont pas été remplies, *a fortiori* cela doit-il être, quand le vendeur s'est conformé à la loi. Par conséquent, il faut appliquer au privilége ce que

le législateur applique à l'hypothèque. Il y a cependant un motif de douter. La cause du privilége est spéciale, en ce sens que le vendeur ne jouit d'une préférence à l'égard des autres créanciers de l'acheteur que parce qu'il a mis une valeur dans le patrimoine de celui-ci : la préférence se limite nécessairement à la valeur nouvelle. Or, si des constructions, des travaux sont faits sur le fonds, ces améliorations n'ont pas leur cause dans la vente, et, par conséquent, ne doivent pas être frappées par le privilége. Cette objection n'est pas concluante, parce que les auteurs mêmes qui la présentent ne la poussent pas jusqu'où ils devraient le faire, si elle était exacte. Evidemment, en s'inspirant de cette idée, il faudrait dire que toute espèce d'améliorations, quelles qu'elles soient, fortuites ou créées par la main de l'homme, ne sont pas soumises au privilége. On a toujours reculé devant cette conséquence. C'est donc que l'objection ne repose pas sur une base exacte et qu'il faut l'écarter. A mon avis, pour couper court à toute difficulté et ne pas s'exposer à des contradictions, on doit admettre que les constructions élevées sur le fonds sont grevées du privilége, il en est de même des accroissements naturels que la chose reçoit, tels que l'alluvion et les atterrissements. Je donnerais la même solution, si des objets mobiliers sont placés sur la chose par le propriétaire et y sont incorporés. Sur ces questions la jurisprudence est incertaine ; elle applique en principe l'art. 2133 au privilége du vendeur. Mais elle s'en écarte, lorsqu'il s'agit d'immeubles par destination, placés pour le service et l'exploitation du fonds seulement, et non à perpétuelle demeure ; de même, lorsque des constructions nouvelles sont élevées sur un terrain nu. Toutes ces choses ne garantissent pas le privilége du vendeur. Cette jurisprudence, dans l'état actuel des textes, encourt cette critique que ses décisions sont contradictoires : il faut ou admettre absolument l'art. 2133, ou le rejeter (Sir., 50, II, 636 ; *ibid.*, 34, II, 308).

177. — L'art. 2103-1°, dern. al., prévoit un cas particulier. Primus vend un immeuble à Secundus, qui le revend à Tertius, et celui-ci à Quartus. Aucun des prix de vente n'a été payé, et les vendeurs ont tous conservé leur privilége. Sur le prix dû par Quartus à Tertius, Primus sera payé le premier, Secundus prendra ensuite la différence entre le prix auquel il a vendu l'immeuble à Tertius et le prix auquel il l'a acheté à Primus. Tertius aura ce qui reste. Ainsi, la première vente a été faite pour 10,000 francs, la seconde pour 12,000, la troisième pour 14,000. Sur cette dernière somme, Primus aura 10,000, Secundus 2,000, Tertius, 2,000 fr. On fait quelquefois à cette solution de l'article 2103 une objection tirée de l'art. 2097, d'après lequel les créanciers privilégiés, qui sont dans le même rang, sont payés par concurrence. Or, dit-on, dans cette hypothèse, il y a trois créanciers munis du même privilége. Donc ils devraient concourir entre eux. Cette objection ne porte pas parce que, en principe, le concours ne peut exister qu'entre les créanciers d'un même débiteur. Or, ici il y a autant de débiteurs différents qu'il y a de créances. Donc il ne saurait y avoir lieu au concours entre les divers créanciers. Du reste, la décision de la loi découle de la nature des choses. Quand Secundus vend l'immeuble à Tertius, il ne peut lui transmettre que les droits qu'il a sur le fonds. Or,

celui-ci est grevé du privilége de Primus. Tertius le reçoit donc affecté de ce droit réel et en outre du privilége de Secundus. Il le transmet lui-même à Quartus grevé du privilége de Primus, de celui de Secundus et du sien.

SECTION III

Comment se conserve le privilége?

178. — Dans un intérêt de crédit public, le législateur de 1804 a organisé la publicité des priviléges immobiliers (art. 2106). Ces priviléges. grevant l'immeuble d'un droit réel, en diminuent la valeur : il importe donc que ceux qui voudraient entrer en relations d'affaires avec le propriétaire sachent quel est l'état réel de la propriété qui va devenir leur gage, et ne puissent se méprendre sur les garanties et les sûretés que présente leur futur débiteur. De là la nécessité de la publicité. En principe, elle se manifeste par une inscription. Cette inscription contient la mention des choses que les tiers ont le plus d'intérêt à connaître, notamment la désignation de l'immeuble grevé, celle du débiteur et du créancier, et l'indication du montant de la créance privilégiée (art. 2148). Mais nous trouvons pour le vendeur des règles particulières.

Pour les étudier, nous examinerons successivement les trois points suivants : 1° Quelles sont les formalités prescrites pour la conservation du privilége? 2° Jusqu'à quelle époque ces formalités peuvent-elles être accomplies? 3° Quel est l'étendue de l'effet conservatoire qu'elles produisent?

Formalités prescrites pour la conservation du privilége

179. — L'art. 2108 est ainsi conçu : « Le vendeur privilégié conserve son privilége par la transcription du titre qui a transféré la propriété à l'acquéreur et qui constate que la totalité ou partie du prix lui est due, à l'effet de quoi la transcription du contrat faite par l'acquéreur vaudra inscription pour le vendeur et pour le prêteur qui lui aura fourni les deniers payés et qui sera subrogé aux droits du vendeur par le même contrat : sera néanmoins le conservateur des hypothèques tenu, sous peine de tous dommages et intérêts envers les tiers, de faire d'office l'inscription sur son registre des créances résultant de l'acte translatif de propriété, tant en faveur du vendeur qu'en faveur des prêteurs, qui pourront aussi faire faire, si elle ne l'a été, la transcription du contrat de vente, à l'effet d'acquérir l'inscription de ce qui leur est dû sur le prix. » Nous laissons de côté ce qui concerne les prêteurs de deniers pour ne nous occuper que du vendeur.

L'origine de cette disposition est dans l'art. 29 de la loi du 11 brumaire an VII. Le vendeur conserve donc son privilége par la transcription de l'acte de mutation constatant que le prix d'aliénation lui est dû en tout ou en partie : le conservateur doit de plus prendre d'office inscription sur l'immeuble au nom de l'aliénateur. Tel est, en quelques mots, l'ensemble des formalités prescrites par le Code civil pour la conservation du privilége ; il nous reste à les développer.

180. — La transcription est un mode de publicité pour le privilége du vendeur, quand la loi exige en principe que l'acte d'aliénation soit transcrit pour opérer le transport de la propriété de l'immeuble à l'acquéreur à l'égard des ayants-cause du vendeur ; c'est ce qui existait sous la loi de brumaire, c'est encore ce qui a lieu aujourd'hui sous la loi du 23 mars 1855. Le privilége du vendeur est publié par la transcription de l'acte de mutation. En effet, les personnes qui se proposent d'acquérir des droits réels sur l'immeuble, du chef de l'acheteur, qui ont l'intention de traiter avec lui, doivent constater qu'il a fait transcrire son titre, c'est-à-dire qu'il est plein et entier propriétaire et n'a pas à redouter les constitutions de droits réels faites à des tiers par le vendeur postérieurement à la première aliénation. Or en faisant cette constatation, en s'assurant que la transcription a eu lieu, elles verront que tout ou partie du prix de l'immeuble est encore dû au vendeur; elles sauront par conséquent qu'elles ne peuvent compter sur la valeur intégrale du bien, elles agiront en conséquence. A ce point de vue donc, ce système assure une publicité satisfaisante et évite les inconvénients que nous signalions tout à l'heure.

181.— La transcription de l'acte de vente suffit pour rendre efficace le privilége du vendeur. Il en résulte cette conséquence assez remarquable que ce sera le plus souvent par le fait du débiteur, à l'encontre duquel le privilége existe, que ce privilége sera conservé ; car c'est lui qui, en général, fait opérer la transcription de son titre d'acquisition : il a un intérêt puissant à l'accomplissement de cette formalité, sans laquelle le contrat par lui passé n'aurait pas la moindre solidité, en raison des constitutions de droits réels postérieures à la vente que le vendeur pourrait consentir, constitutions de droits réels qui primeraient l'acheteur originaire, si elles étaient transcrites avant la première vente. Mais enfin si, par une cause quelconque, il n'avisait pas, le vendeur pourrait lui-même requérir la transcription de l'acte de mutation et les effets produits par elle seraient les mêmes, soit au point de vue de la consolidation de la propriété, soit au point de vue de la conservation du privilége. Cette décision est consacrée par l'art. 2108 *in fine.*

182. — La transcription dont il s'agit ici est, comme la loi le déclare du reste, celle « du titre qui a transféré la propriété à l'acquéreur. » Par conséquent si l'acheteur revendait l'immeuble avant d'avoir payé la totalité de son prix, la transcription faite par le second acquéreur de son contrat d'acquisition serait insuffisante pour conserver le privilége du vendeur originaire, encore que l'acte de revente fît mention de la première vente et de la créance du premier vendeur ; car la transcription qui conserve le privilége du vendeur, c'est celle de l'acte même d'où il résulte (Paris, 30 nov. 1860 ; SIR., 61, II, 29).

183. — Indépendamment de la transcription faite par les parties, le conservateur, de son côté, doit prendre une inscription d'office ; il doit mentionner sur le registre des inscriptions l'existence du privilége du vendeur, conformément à l'art. 2148. Mais à quoi bon cette inscription d'office? A première vue, il semble que ce soit une formalité surabondante et sans objet ; pour-

tant cette exigence de la loi n'est pas sans utilité. En effet, la transcription consiste dans la reproduction intégrale de l'acte de vente ; d'où la clause relative au privilége ne s'y trouve pas parfaitement mise en lumière ; elle est perdue au milieu de tous les détails de l'acte de vente ; les tiers, qui consulteraient la transcription, pourraient par conséquent se tromper. Frappé de l'imperfection de cette publicité, le législateur a voulu que le privilége fût mentionné, dégagé de toutes les clauses et conditions qui lui sont étrangères. Cette inscription ne fait donc pas double emploi avec la transcription ; elle lui vient en aide et la complète.

184. — Toutefois, si le conservateur doit prendre d'office inscription pour le privilége du vendeur, l'omission ou l'irrégularité de cette inscription ne porte aucune atteinte à l'efficacité du privilége, qui est dûment conservé par la transcription seule. Sur ce point, on a modifié dans l'art. 2108 la disposition de la loi de brumaire. Sous l'empire de cette loi, la conservation du privilége, même après la transcription de l'acte de vente, était liée à l'inscription d'office, que devait faire le conservateur ; de telle sorte que le sort de la créance du vendeur dépendait de l'exactitude du conservateur et de la régularité qu'il mettait à remplir cette formalité. Mais cette conséquence parut avec raison trop rigoureuse aux rédacteurs du Code et ils l'écartèrent. Les travaux préparatoires nous en donnent la preuve. Cambacérès disait : « Il n'y a pas de motif de faire de l'inscription une condition qui expose la créance du vendeur, si le conservateur est négligent » (FENET, tom. XV, p. 358).

Par conséquent, dès que la transcription est faite,

le vendeur est en règle ; le défaut d'inscription ne peut lui nuire aucunement, il n'engage que la responsabilité du conservateur envers les tiers, qui pourraient recourir contre lui, s'ils avaient traité avec l'acheteur, après avoir constaté l'absence de toute inscription du privilége sur le registre des inscriptions. La rédaction de l'art. 2108 ne laisse aucun doute à cet égard ; le conservateur est responsable envers les tiers du préjudice que sa faute a pu leur causer.

185. — Ce système de publicité pour le privilége du vendeur se lie étroitement au maintien de la transcription, comme nécessaire pour opérer le transfert de la propriété à l'égard des tiers. Or, c'est bien à ce point de vue que s'étaient placés, dans le projet du Code, les rédacteurs des fameux art. 91 et 92 (ce dernier est devenu l'art. 2182). Le premier de ces textes consacrait les principes de l'art. 26 de la loi de brumaire, et décidait que la transcription était nécessaire pour opérer le transfert de la propriété à l'égard des tiers qui auraient contracté avec le vendeur et se seraient conformés aux dispositions de la loi pour la conservation de leurs droits. Mais, dans le Conseil d'Etat, une discussion très vive s'éleva sur le sens à donner à cette disposition. Des conseillers prétendirent qu'elle permettrait à un individu ayant acquis un immeuble *a non domino* et fait transcrire son titre, de dépouiller celui qui aurait acheté le même bien du véritable propriétaire, mais sans transcription, ou qui aurait transcrit postérieurement à l'autre. Cette critique était sans fondement, car la transcription n'était nécessaire pour opérer le transport de la propriété de l'immeuble qu'à l'égard des ayants-cause du vendeur ; vis-à-vis de toutes

autres personnes, le transfert de la propriété était complet par la tradition ou l'insertion dans le contrat des clauses de *dessaisine-saisine*, ou de *constitut possessoire*. Par conséquent, sous la loi de brumaire, l'acheteur d'un immeuble *a domino* qui n'avait pas transcrit pouvait revendiquer contre un acquéreur *a non domino* ayant fait transcrire son titre. Néanmoins, les art. 91 et 92 du projet furent renvoyés à la section de législation en vue d'une rédaction plus précise (LOCRÉ, tome XVI, p. 283). L'art. 92 seul fut voté plus tard ; on n'entendit plus parler de l'art. 91 qui admettait le principe de la transcription. On en conclut, mais après de vives controverses, que, sous l'empire du Code, la propriété se transférait par le seul consentement des parties à l'égard de tous, puisque les articles 711 et 1138 avaient admis ce principe. Dès lors, l'art. 2108 avait perdu son complément naturel, il se trouvait privé du principe qui lui donnait sa raison d'être. Aussi des auteurs en avaient-ils conclu que l'art. 2108 était abrogé par cela même, et que le privilége se soutenait sans inscription ni transcription. Pour d'autres, au contraire, l'art. 2108 restait toujours en vigueur ; il fallait que le vendeur fît transcrire pour pouvoir invoquer son privilége (PONT, *Priviléges et Hypothèques*, n° 258.)

Aujourd'hui, la loi du 23 mars 1855 a rendu à l'article 2108 toute sa portée. La transcription étant nécessaire pour opérer le transport de la propriété à l'égard des ayants-cause à titre particulier du vendeur, qui ont acquis des droits sur l'immeuble et les ont conservés conformément aux lois, il en résulte que les formalités de l'art. 2108 recevront le plus souvent, pour ne pas dire toujours, leur application. Ainsi que nous l'avons vu plus haut, la publicité est efficace et salutaire.

186. — Une dernière question nous reste à examiner pour terminer l'étude de ces formalités. Le vendeur ne pourrait-il pas recourir directement à l'inscription de son privilége, au lieu de demander la transcription du titre d'acquisition ? A mon avis, ce droit me paraît incontestable. En effet, ce n'est que par une faveur tout à fait exceptionnelle que la loi attribue à la transcription l'effet de conserver le privilége du vendeur : pour celui-ci, comme pour tout autre créancier, la manière normale, le mode à la fois le plus simple de conserver son privilége, c'est l'inscription ; la loi lui fait une faveur, il peut y renoncer et prendre une inscription directe. J'en trouve une preuve dans l'art. 6 de la loi du 23 mars 1855 qui, s'occupant de la conservation du privilége du vendeur, parle d'une façon générale du cas où ce privilége serait *inscrit*. C'est donc que l'inscription directe est possible, que le vendeur peut l'effectuer.

On a cependant contesté cette solution. Le vendeur ne pourrait s'inscrire sur l'immeuble vendu, parce que cette inscription, inutile après la transcription, serait impossible auparavant ; car, dit-on, avant la transcription, le vendeur est propriétaire à l'égard des tiers ; par conséquent il ne peut prendre inscription sur lui-même pour la conservation de son privilége. — Mais il y a là une singulière erreur. La transcription n'est utile pour opérer le transport de la propriété qu'à l'égard des ayants-cause à titre particulier du vendeur et non à l'égard de tous les tiers. Il m'est facile de le

démontrer. En effet, en droit romain, la tradition transférait la propriété de la chose d'une manière absolue
dans les rapports des parties entre elles, comme vis-à-
vis des tiers, ayants-cause du vendeur ou de l'acheteur. Il en fut de même à l'origine dans notre ancien
droit.

L'introduction des clauses de *dessaisine-saisine* ou
de *constitut possessoire* ne fit que hâter le moment où
la translation de propriété avait lieu, sans toucher en
rien aux effets de cette translation à l'égard des tiers
ou dans les rapports des parties. Survint la loi de brumaire, dont l'art. 26 n'a exigé la nécessité de la transcription pour la translation de la propriété qu'à l'égard
des tiers qui auraient contracté avec le vendeur et se
seraient conformés aux dispositions de la présente loi.
Donc, à l'égard de toutes autres personnes, la propriété
était transférée sans qu'il fût besoin de la transcription.
Enfin, la loi du 23 mars 1855, dans son art. 3, a consacré les principes du droit intermédiaire; il est vrai
qu'elle ne reproduit pas exactément les termes de l'article 26, mais c'est que ces termes auraient pu faire
naître des difficultés. Elle n'emploie pas l'expression
« contracté, » parce qu'elle a un sens technique, et
n'aurait pas permis à un créancier à hypothèque légale
du vendeur de se prévaloir du défaut de transcription.
De plus, la loi de brumaire restreignait le droit d'opposer le défaut de transcription à ceux qui tenaient
leur droit du vendeur; la loi de 1855 est plus large,
elle a voulu que ceux qui avaient traité avec l'un des
auteurs du vendeur pussent se prévaloir du défaut de
publicité. Mais, remarquons-le bien, la propriété de
l'immeuble est transférée complètement dans les rap-

ports des parties entre elles et vis-à-vis des ayants-cause de l'acheteur, sans qu'il soit besoin de transcription ; ce n'est qu'à l'égard des ayants-cause du vendeur que la transcription est exigée. Par conséquent il n'y a pas d'obstacle à ce que le vendeur puisse inscrire directement son privilége.

§ 2

Jusqu'à quelle époque ces formalités peuvent-elles être accomplies ?

187. — La loi n'a fixé aucun délai particulier dans lequel ces formalités doivent être accomplies. Par conséquent, le droit de faire transcrire son titre, ou de prendre inscription, existe pour le vendeur jusqu'à ce que le cours des inscriptions se trouve arrêté conformément au droit commun ; en d'autres termes, la publicité du privilége peut être faite dix ans, vingt ans même, après qu'il a pris naissance, à la condition qu'il n'y ait pas d'obstacle à l'inscription, et, quand elle a eu lieu, elle permet au vendeur de passer avant tous les créanciers hypothécaires qui se seraient inscrits dans l'intervalle. La conservation du privilége opère donc avec effet rétroactif ; elle donne au vendeur le droit de se faire payer au détriment de créanciers hypothécaires, qui ont pu traiter avec l'acheteur relativement à l'immeuble, dans l'ignorance de l'existence du privilége. Ce résultat n'est pas juste : la loi n'aurait pas dû le consacrer, un délai devrait être fixé dans lequel le vendeur fût contraint de publier son privilége. Aussi, cette rétroactivité de l'inscription a-t-elle été énergiquement contestée par certains auteurs, qui se

sont fondés pour cela sur l'art. 2106 *in fine*, aux termes duquel les priviléges n'ont d'effet qu'à compter de la date de leur inscription. Malheureusement, cette opinion viole les principes en matière de priviléges, où il ne faut s'inspirer que de la qualité de la créance pour en déterminer le rang et non de la date de l'inscription (art. 2095 et 2096). L'art. 2106, ainsi que nous l'avons vu, contient une erreur de rédaction (n° 154). Par conséquent il faut admettre la rétroactivité.

188. — Diverses circonstances peuvent restreindre le délai accordé au vendeur pour rendre public son privilége. Nous allons les examiner en nous plaçant successivement au point de vue de la conservation du droit de préférence et du droit de suite, engendrés par le privilége. A cet égard, deux hypothèses doivent être distinguées : 1° l'immeuble se trouve dans le patrimoine du débiteur ; 2° l'immeuble est sorti de son patrimoine.

189. — I. *L'immeuble est dans le patrimoine du débiteur*. — La faillite de l'acheteur, débiteur du prix, ou l'acceptation bénéficiaire de sa succession, empêchent-elles l'inscription du privilége ? Reprenons chacun de ces événements.

190. — Faillite de l'acheteur. — Une idée dominante, dont on retrouve à tout instant l'application dans la détermination des effets produits par le jugement déclaratif de faillite, est celle du maintien absolu de l'égalité entre tous les créanciers du failli ; une faillite bien liquidée devrait être terminée le jour du jugement déclaratif de faillite ; c'est ce jugement qui fixe la position des créanciers ; ils ne doivent pas pouvoir y apporter de modifications ultérieures, de telle sorte

que c'est l'actif, tel qu'il existe à ce moment, qui est affecté au paiement du passif, tel qu'il se comporte à la même date. L'art. 448, C. com., fait l'application de cette idée dans les termes suivants : « Les droits « d'hypothèque et de privilége valablement acquis, « pourront être inscrits jusqu'au jour du jugement « déclaratif de la faillite. Néanmoins, les inscriptions « prises après l'époque de la cessation de paiements, « ou dans les dix jours qui précèdent, pourront être « déclarées nulles, s'il s'est écoulé plus de quinze « jours entre la date de l'acte consécutif de l'hypothè- « que ou du privilége et celle de l'inscription. Ce délai « sera augmenté d'un jour à raison de cinq myriamètres « de distance entre le lieu où le droit d'hypothèque « aura été acquis et le lieu où l'inscription sera « prise. »

Avant la loi du 28 mai 1838, modificative du titre de la faillite au Code de commerce, l'ancien art. 443 disposait qu'aucune hypothèque, aucun privilége ne pouvaient être inscrits dans les dix jours qui précèdent l'ouverture de la faillite. Ce système était d'une rigueur excessive, principalement en ce qui concerne le privilége du vendeur ; celui que la nouvelle loi a organisé est beaucoup plus juste et ne dépasse pas le but du législateur, qui est de maintenir l'égalité entre les créanciers. Aujourd'hui, le privilége du vendeur ne peut plus être inscrit, dès que la faillite de l'acheteur a été déclarée : il faut que la publicité soit faite au plus tard la veille du jour où la faillite est déclarée par jugement du tribunal de commerce ; toute inscription prise après cette époque est nulle, elle ne produit aucun effet. Que si la publicité est faite après la cessation des paiements, ou dans les dix jours qui précèdent, les juges ont à apprécier si elle doit être ou non maintenue ; ils l'annuleront si, par suite d'une collusion concertée entre l'acheteur et le vendeur, celui-ci n'a retardé de plus de quinze jours la publicité de son privilége que pour ménager à l'acheteur un crédit apparent, destiné à tromper les tiers sur sa véritable position.

191. — En présence de ce système, on voit à quel péril est exposé le vendeur qui traite avec un commerçant. Le lendemain de la vente de l'immeuble, il peut arriver que l'achetur cesse ses paiements et soit déclaré en faillite ; le vendeur est privé de son droit, quoique n'ayant pas eu le temps de donner à son privilége la publicité requise par loi. A ce point de vue, la nouvelle loi est trop rigoureuse ; aussi, des auteurs ont-ils cherché à soustraire le privilége du vendeur à son application. Ils ont invoqué divers arguments que nous allons passer en revue.

192. — L'art. 448, 1er al., disent-ils, ne prohibe que les inscriptions prises jusqu'au jour du jugement déclaratif de la faillite. Or le vendeur conserve son privilége au moyen de la transcription de l'acte d'aliénation, constatant que tout ou partie du prix lui est dû ; l'art. 2108 le dit formellement. Donc, il peut transcrire l'acte de vente et conserver son privilége malgré le jugement déclaratif de faillite. — Ce raisonnement est sans force quoique, au premier abord, il puisse paraître concluant ; il suffit de lire attentivement l'article 2108 pour s'en convaincre. Ce texte nous dit, en effet, que la transcription vaut inscription du privilége. Or l'inscription étant interdite, la transcription de l'acte

de vente doit l'être aussi. Donc la déclaration de faillite est un obstacle à la conservation du privilége.

193. — On fait une seconde objection. Partant de ce principe que les solutions consacrées par la loi du 23 mars 1855 sont les mêmes que celles de la loi de brumaire an VII, on dit : Sous l'empire de cette dernière loi, la transcription était nécessaire pour opérer la translation de la propriété de l'immeuble à l'égard des tiers ; donc, jusque-là, le vendeur restait saisi de son droit de propriété ; par conséquent, il ne pouvait être question pour lui de privilége ; un droit réel grevant l'immeuble à son profit ne pouvait exister, puisqu'il avait déjà la pleine propriété du bien. Du reste, ce privilége jusqu'à la transcription était inutile, le vendeur conservant la revendication. Mais quand la transcription de l'acte de vente était faite, la propriété se trouvait transférée à l'acquéreur ; à ce moment, le privilége du vendeur prenait naissance, mais il naissait public, puisque la transcription avait eu lieu ; par conséquent, il était opposable aux tiers. Il en est de même aujourd'hui sous la loi du 23 mars 1855.

Or si l'on applique ces principes au cas de faillite, on arrive à ce résultat : si le privilége n'est pas encore rendu public au moment de la déclaration de faillite, la transcription n'ayant pas eu lieu, le vendeur reste propriétaire ; il a par conséquent la revendication, le privilége lui est inutile. Au contraire, si les créanciers font opérer la transcription de l'acte pour faire acquérir la propriété de l'immeuble au failli, en même temps que la translation de propriété a lieu, le privilége prend naissance et il naît public, partant il est opposable aux tiers. Donc dans l'un et l'autre cas, l'art. 448

n'est pas applicable et le vendeur, selon les circonstances, jouit de la revendication ou de son privilége. Cette argumentation n'est pas concluante, car son point de départ est inexact. Nous savons, en effet, que sous la loi de brumaire comme sous la loi de 1855, la vente transfère la propriété d'une manière absolue dans les rapports des parties entre elles et à l'égard des ayants-cause de l'acheteur; la transcription n'est exigée que vis-à-vis des ayants-cause du vendeur (n° 186). Cela étant, je dirai : puisque, après la vente, le vendeur n'est plus propriétaire à l'égard de l'acheteur et de ses ayants-cause, il n'est que créancier du prix et, comme tel, muni d'un privilége. Ce privilége naît au moment de la vente; mais pour qu'il produise effet, il doit être publié. Or l'art. 448 s'oppose à ce que la publicité soit faite. Donc le privilége ne peut être invoqué, le vendeur en est dépouillé faute de ne l'avoir pas inscrit à temps.

194. — En admettant la théorie de M. Valette sur la nature du privilége, on arrive également à dire que la faillite de l'acheteur n'est pas un obstacle à l'exercice de ce droit. En effet, le privilége étant un droit réel retenu sur l'immeuble lors de l'aliénation, analogue à un droit d'usufruit ou de servitude, il est impossible que le vendeur en soit dépouillé parce qu'il n'a pas publié son droit. En principe, la publicité n'est exigée que pour les acquisitions de droits réels ; elle ne l'est pas quand il s'agit de droits retenus sur un immeuble. Par conséquent, quoique la transcription ou l'inscription n'aient pas eu lieu, le vendeur peut invoquer son privilége à l'encontre des créanciers de l'acheteur en faillite, sans que ceux-ci aient le droit d'exciper de la

disposition de l'art. 448, 1ᵉʳ al.; ce n'est pas le cas
d'appliquer ce texte. Pour nous, nous n'admettons pas
cette conséquence, puisque nous rejetons le principe
dont on la fait résulter. Ce principe est inconciliable
avec la solution de l'art. 2105. Il faut donc décider que
le privilége prend naissance au moment de la vente,
et si un obstacle s'oppose à ce qu'il soit rendu public,
le privilége s'éteint et disparaît. Or la faillite de l'a-
cheteur est précisément cet obstacle ; par conséquent
le privilége est éteint.

195. — La jurisprudence, après des hésitations, a
fini par adopter cette opinion. Les Cours de Nancy et
d'Alger l'ont consacrée (SIREY, 59, II, 594 ; *ibid.*, 65,
II, 187).

196. — Les effets de la faillite de l'acheteur sur la
conservation du privilége sont assez graves pour qu'il
faille les circonscrire dans la sphère qui leur a été
assignée par la loi.

D'abord l'inefficacité dont est frappée la transcription ou l'inscription n'est prononcée que dans l'intérêt
des créanciers antérieurs à la faillite ; par conséquent
le privilége, quoique inscrit tardivement, est opposable
aux créanciers postérieurs à la faillite. D'un autre
côté, la faillite de l'acheteur ne forme aucun obstacle
à ce que le vendeur inscrive son privilége sur l'immeuble vendu lorsque le failli a revendu cet immeuble
à un tiers, et tant que celui-ci n'a pas fait transcrire
son titre ; car l'immeuble ayant cessé d'appartenir au
failli, les intérêts de ses créanciers ne sont nullement
en jeu. Enfin les dispositions des art. 2146 et 448 étant
spéciales à la faillite, ne sauraient être étendues au
cas de déconfiture d'un acheteur non commerçant et

au cas de cession de biens volontaire ou judiciaire. Ce sont, en effet, des dispositions exceptionnelles et prohibitives, on ne peut les étendre en dehors de leur sphère littérale d'application.

197. — Acceptation bénéficiaire de la succession de l'acquéreur. — Si le vendeur est surpris par le décès de l'acheteur avant d'avoir publié son privilége et que l'héritier de ce dernier accepte sa succession sous bénéfice d'inventaire, le vendeur ne peut plus inscrire utilement son privilége. C'est la décision de l'art. 2146 *in fine :* « Les inscriptions ne produisent aucun effet... entre les créanciers d'une succession, si l'inscription n'a été faite par l'un d'eux que depuis l'ouverture et dans le cas où la succession n'est acceptée que par bénéfice d'inventaire. » Le motif de cette disposition est bien connu. L'acceptation bénéficiaire d'une succession fait présumer son insolvabilité; les rédacteurs du Code n'ont pas voulu que quand elle aurait lieu les créanciers les plus proches, avertis les premiers de l'état d'insolvabilité, pussent se soustraire à ses conséquences en se hâtant de prendre une inscription au détriment des créanciers plus éloignés. Le mérite législatif de cette disposition est très contestable ; il est à la fois singulier et injuste qu'une mesure de prudence, prise par l'héritier dans son intérêt exclusif, réagisse sur la position des créanciers du défunt et la rende plus mauvaise dans leurs rapports respectifs en les empêchant de conserver des droits légitimement acquis avant le décès de leur débiteur. Aussi dans les projets de réforme hypothécaire a-t-on réclamé l'abrogation de la disposition finale de l'article 2146.

198. — La même controverse s'est produite ici que pour le cas de faillite ; des auteurs ont cherché à se soustraire à l'application de l'art. 2146 par les mêmes arguments ; nous ne reviendrons pas sur ce sujet ; tout ce que nous avons dit précédemment est de tous points applicable. Nous n'insisterons que sur une question. La plupart des auteurs appliquent la disposition de l'art. 2146 au cas de vacance de la succession ; car la vacance, disent-ils, bien plus encore que l'acceptation bénéficiaire, fait présumer l'insolvabilité de la succession. Cet argument *a fortiori* ne me paraît pas concluant ; il est certain, en effet, que souvent la vacance de la succession se produit par suite d'absence d'héritiers connus ; on ne peut donc pas dire d'une manière absolue qu'elle fait présumer l'insolvabilité de la succession. Du reste, quand même elle produirait nécessairement cet effet, ce n'est pas une raison d'étendre la disposition de la loi ; le Code prononce une déchéance ; or, il est de principe que les déchéances sont de droit étroit. Donc, on ne peut sortir des termes de l'art. 2146, qui ne parle pas de la vacance, mais seulement de l'acceptation bénéficiaire de la succession.

199. — II. *L'immeuble est sorti du patrimoine de l'acheteur.* — Dans l'hypothèse précédente, nous avons toujours supposé qu'il ne s'agissait que de la conservation du droit de préférence, nous abordons maintenant ce qui concerne le droit de suite. Jusqu'à quel moment le vendeur peut-il inscrire son privilége pour conserver son droit de suite ? A cet égard, la législation a subi différentes phases que nous allons rappeler.

200. — Sous l'empire de la loi de brumaire, la transcription étant nécessaire pour opérer la translation de la propriété, à l'égard des tiers, il en résultait que le vendeur originaire pouvait rendre public son privilége jusqu'à la transcription de l'acte constatant l'aliénation faite par son acheteur. Mais dès que cette transcription avait été faite, le vendeur primitif était déchu de son droit, s'il ne l'avait pas publié auparavant.

201. — Sous le Code civil, avant la mise à exécution du Code de procédure, on distinguait, selon qu'il s'agissait d'aliénations à titre gratuit, ou à titre onéreux. Au premier cas, les principes étaient les mêmes que sous la loi de brumaire; la transcription étant nécessaire, aux termes des art. 939 et 941, pour opérer le transport de la propriété de l'immeuble donné, c'était la transcription de l'acte portant donation qui arrêtait le cours des inscriptions ; le vendeur primitif ne pouvait s'inscrire pour conserver son privilége après cette transcription. Au second cas, c'était l'aliénation consentie par l'acheteur originaire qui privait le vendeur du droit de faire transcrire son titre et de conserver son privilége (art. 2166). Cette conséquence, il est vrai, avait été contestée par des jurisconsultes, qui prétendaient que la transcription était encore en vigueur, et particulièrement par l'enregistrement, dont elle diminuait les produits ; mais elle ne tarda pas à s'imposer en doctrine et en jurisprudence, et elle fut consacrée par un avis du Conseil d'Etat du 11 fructidor an XIII (SIREY, 14, I, 46). Ainsi donc, au cas d'aliénation à titre onéreux, volontaire ou forcée, le vendeur ne pouvait rendre public son privilége, quand la revente avait été consentie par son acheteur, ou l'adjudication de l'immeuble prononcée.

202. — L'intérêt du fisc, lésé par le système du Code civil, fit introduire incidemment dans le Code de procédure une disposition modifiant ce régime, et par cela même plus favorable aux droits du vendeur non payé ; ce fut l'art. 834, applicable aux aliénations volontaires seulement. Aux termes de cet article, les créanciers ayant hypothèque ou privilége sur un immeuble eurent le droit de prendre inscription non-seulement après l'aliénation faite par le débiteur, mais encore pendant la quinzaine qui suivait la transcription de l'acte d'acquisition faite par le sous-acquéreur. Dans ce système, la transcription ne formait point, comme dans la loi du 11 brumaire an VII, une condition de la transmission de la propriété à l'égard des tiers ; elle n'avait d'autre objet que de fixer le point de départ d'un délai de faveur, pendant lequel les créanciers privilégiés ou hypothécaires, antérieurs à l'aliénation, étaient encore admis à s'inscrire utilement. Le cours des inscriptions était donc arrêté par l'expiration de la quinzaine suivant la transcription. Passé ce délai, le vendeur originaire ne pouvait faire transcrire son titre pour conserver son privilége.

La modification introduite par l'art. 834 ne s'appliquait qu'aux aliénations volontaires ; de telle sorte que le Code civil restait toujours en vigueur au cas d'expropriation forcée par suite de saisie immobilière ; le jugément d'adjudication privait le vendeur originaire de la faculté de transcrire son titre et de se prévaloir de son privilége. Cependant une extension fut apportée aux principes admis par l'art. 834. Lors de la discussion de la loi du 7 juillet 1833 sur l'expropriation pour cause d'utilité publique, on admit dans l'art. 17 que les créanciers ayant privilége ou hypothèque sur un immeuble, soumis à l'expropriation, pourraient s'inscrire dans la quinzaine de la transcription du jugement d'expropriation, et l'on rendit, dans l'art. 16, cette transcription obligatoire, de facultative qu'elle était pour les actes d'aliénation volontaire. Ces dispositions de la loi du 7 juillet 1833 ont été reproduites par les art. 16 et 17 de la loi du 3 mai 1841 sur l'expropriation pour cause d'utilité publique. Nous verrons bientôt si elles conservent aujourd'hui leur portée primitive.

203. — Le dernier état de la législation sur la question qui nous occupe est réglé par la loi du 23 mars 1855. Le délai accordé aux créanciers privilégiés ou hypothécaires pour s'inscrire est clos par la transcription de l'acte d'aliénation. Toutefois, après avoir prononcé la déchéance des créanciers non inscrits avant la transcription, l'art. 6 de la loi du 23 mars 1855 fait une exception en faveur de deux créanciers privilégiés, le vendeur et le copartageant ; il leur donne le droit de s'inscrire dans les quarante-cinq jours de l'acte de vente ou du partage, malgré toute transcription effectuée dans ce délai. Ainsi, tandis que la transcription, en principe, rend la propriété libre de tous droits réels non inscrits, elle ne s'oppose pas à l'apparition postérieure du privilége du vendeur ou du copartageant. Quelle est la raison de cette dérogation aux principes admis par la loi de 1855 ? Cette exception n'existait pas dans le projet du Conseil d'Etat. On fit remarquer que si le vendeur non payé ne faisait pas transcrire

immédiatement son titre, il pourrait être privé de son privilége par une revente immédiate suivie de transcription, effectuée par son acquéreur. Cette rigueur eût été excessive. Aussi, la commission du Corps législatif demanda-t-elle qu'un délai fût accordé au vendeur. On fit droit à cette réclamation, et de là la disposition de l'art. 6, 2ᵉ al. Le vendeur est donc admis à conserver son privilége, même après la transcription de l'acte par lequel l'acheteur a disposé de l'immeuble, pourvu qu'il se trouve encore dans les quarante-cinq jours à compter de l'acte qui a donné naissance à son droit. Au contraire, si la transcription de la revente n'a pas lieu dans les quarante-cinq jours, aucun délai fatal ne lui est imposé, il peut toujours inscrire son privilége ; car l'art. 6, 2ᵉ al.. est une disposition de faveur pour le vendeur, on ne peut la rétorquer contre lui.

204. — Faisons des applications de ces principes. Primus vend un immeuble à Secundus qui fait transcrire ; ce dernier revend à Tertius, qui transcrit aussi son titre ; quarante-cinq jours à compter de la première vente ne se sont pas encore écoulés et toutes ces formalités ont été accomplies. Incontestablement le privilége de Primus est conservé au point de vue du droit de préférence comme du droit de suite. Modifions notre espèce. Primus vend à Secundus sans transcription, et après plus de quarante-cinq jours, Secundus revend l'immeuble à Tertius qui transcrit. Il est certain que le privilége de Primus est perdu. Mais ce résultat n'est-il pas en contradiction avec la possibilité réservée à Primus de disposer, au profit des tiers, de tout ou partie de l'immeuble, tant que la vente qu'il a consentie n'a pas été transcrite ? Ainsi, postérieure-

ment à la transcription opérée par Tertius, Primus revend le même immeuble à Quartus ; celui-ci transcrit, il est seul propriétaire et peut évincer Tertius. Pour comprendre ce résultat, il suffit de savoir que le conservateur des hypothèques ouvre un compte aux personnes qui aliènent et non aux immeubles aliénés. Par conséquent, quand Quartus veut acheter l'immeuble de Primus, il demande au conservateur s'il n'y a pas de transcription au compte de celui-ci. Le conservateur délivre un certificat négatif de transcription. Primus est donc bien propriétaire de l'immeuble à l'égard des tiers, et s'il le revend à Quartus, ce dernier, quand il a fait transcrire, est un tiers ayant acquis des droits sur l'immeuble et les ayant conservés conformément aux lois (art. 3). Donc il peut se prévaloir du défaut de publicité et évincer Tertius.

En supposant une deuxième revente (de Tertius à Quartus) seule transcrite, cette transcription ferait évanouir le privilége de Secundus, mais elle ne ferait pas disparaître le privilége de Primus. Ce privilége ne peut périr que par la transcription de la revente faite par Secundus. Tant que la revente faite par Secundus à Tertius n'est pas transcrite, Primus qui est un tiers dans cette revente a le droit de la méconnaître, comme pourrait le faire tout créancier recevant une hypothèque de Secundus.

205. — La transcription de l'acte de vente ou l'inscription prise par le vendeur avant l'expiration des 45 jours assure toute son efficacité au privilége. Cependant on s'est demandé si l'inaccomplissement de ces formalités dans le délai fixé allait faire déchoir le vendeur originaire et du droit de suite à l'égard du

nouveau propriétaire, et du droit de préférence à l'égard des créanciers de son acheteur. Ordinairement, quand le droit de suite est fermé, le droit de préférence n'existe pas ; on comprendrait néanmoins qu'il en fût autrement : peu importe, en effet, au tiers acquéreur de verser son prix à un créancier privilégié ou de le payer à tous les créanciers de son vendeur : dans l'un et l'autre cas, il doit toujours payer. A mon avis, quand le vendeur originaire ne peut plus s'inscrire pour conserver le droit de suite, il ne peut le faire pour conserver son droit de préférence. L'art. 6, 1ᵉʳ al., est formel ; la transcription arrête les inscriptions d'une manière absolue, au point de vue du droit de suite comme du droit de préférence ; le texte ne fait aucune distinction à cet égard, l'inscription postérieure à la transcription ne peut produire aucun effet.

206. — Les règles précédentes s'appliquent tout aussi bien au cas d'expropriation forcée par suite de saisie immobilière, qu'à celui d'aliénation volontaire ; mais on s'est demandé ce qu'il fallait décider au cas d'expropriation pour cause d'utilité publique. Nous savons qu'aux termes de l'art. 17 de la loi du 3 mai 1841, les créanciers ayant hypothèque ou privilége sur un immeuble soumis à l'expropriation peuvent inscrire leur droit jusqu'à l'expiration de la quinzaine suivant la transcription du jugement d'expropriation ; on a fait en cette matière une application des règles de l'art. 834 du Code de procédure. L'art. 6 de la loi de 1855 n'a-t-il pas changé ce système ? Faut-il dire que c'est la transcription du jugement d'expropriation qui arrête le cours des inscriptions et non l'expiration du délai de quinzaine qui la suit ? L'affirmative a été sou-

tenue. On a dit : l'art. 17 de la loi de 1841, n'étant qu'un dérivé de l'art. 834 du Code de procédure, a été virtuellement modifié par la loi de 1855 qui a abrogé l'art. 834. Il faut appliquer la maxime *posteriora derogant prioribus*; d'autant plus qu'il n'y a aucun motif de donner au vendeur, en cas d'expropriation, une position différente que celle qui lui est faite par une· aliénation ordinaire.

Je ne crois pas cette opinion exacte. La loi de 1841, à la vérité, a emprunté à l'art. 834 une de ses dispositions, mais ce n'est pas à dire que l'abrogation de ce texte entraîne la modification de l'art. 17 de la loi sur l'expropriation pour cause d'utilité publique. Cette loi forme un tout complet et homogène ; pour que l'une de ses dispositions fût abrogée ou modifiée, il faudrait que la volonté du législateur fût expresse, non équivoque à cet égard. Or l'abrogation de l'art. 834 par la loi de 1855 ne présente pas ce caractère. Tout au contraire, il a été formellement déclaré par les commissaires du gouvernement, à la commission du Sénat chargée du rapport sur la loi du 23 mars 1855, « qu'il n'était nullement dérogé à la loi du 3 mai 1841, qu'ainsi les délais accordés par cette loi aux parties intéressées étaient intégralement maintenus. » Par conséquent le vendeur d'un immeuble qui est exproprié sur l'acheteur, peut inscrire son privilége dans la quinzaine de la transcription du jugement d'expropriation.

§ 3

Etendue de l'effet conservatoire produit par l'inscription du privilége

207. — En ce qui concerne le capital de la créance, l'accomplissement des formalités prescrites pour la conservation du privilége donne au vendeur le droit de se faire payer sur le prix de l'immeuble avant tous les créanciers de son acheteur, même les créanciers à hypothèque légale. Aucune difficulté ne se présente à cet égard. Mais des doutes surgissent à deux autres points de vue. En premier lieu, on s'est demandé s'il fallait appliquer au privilége l'art. 2151, en ce qui concerne les intérêts du prix ; en second lieu, la question s'est agitée de savoir si l'inscription devait être renouvelée, selon la disposition de l'art. 2154.

208. — I. *Quel est l'effet conservatoire produit par l'inscription du privilége en ce qui concerne les intérêts du prix?* — Les intérêts du prix de vente sont des accessoires du capital ; ils constituent à ce titre l'objet de l'obligation dont l'acheteur est tenu vis-à-vis du vendeur ; par conséquent, en cas de non-paiement de ces intérêts, le vendeur peut demander la résolution du contrat pour défaut de paiement du prix. Cette crainte de voir la résolution de la vente prononcée fera que, le plus souvent, les créanciers de l'acheteur ne contesteront pas la demande en collocation du vendeur; ils lui permettront de réclamer avec le rang de son privilége tous les intérêts à lui dus, de crainte que par la résolution il ne leur enlève leur gage, l'immeuble vendu.

La question ne se pose réellement que quand le vendeur a perdu son action en résolution.

On a soutenu qu'il fallait appliquer au privilége du vendeur l'art. 2151, d'après lequel le créancier inscrit pour un capital produisant intérêt ou arrérage, a droit d'être colloqué pour deux années seulement et pour l'année courante au même rang d'hypothèque que pour son capital. Ce texte, dit-on, a pour but de déterminer les limites dans lesquelles un créancier hypothécaire peut réclamer les accessoires du capital de sa créance ; il fallait que ces limites fussent posées par la loi, pour que la publicité des hypothèques fût efficace et ne trompât les tiers. Or ce danger existe pour le privilége comme pour l'hypothèque. Donc le privilége du vendeur doit être soumis à l'art. 2151. Il est vrai que ce texte ne parle que de l'hypothèque, mais un privilége n'est autre chose qu'une hypothèque privilégiée. Par conséquent, le vendeur ne peut réclamer au même rang que son privilége rien que deux années d'intérêts, plus l'année courante.

La jurisprudence a avec raison repoussé cette solution et déclaré que les années d'intérêts étaient conservées d'une manière complète par l'inscription du privilége. En principe, en effet, les intérêts d'un prix de vente font partie de ce prix comme accessoires, et si le privilége garantit le principal, il doit aussi garantir les accessoires. L'art. 2151 déroge-t-il à ce principe en matière de privilége ? La négative est certaine. Ce texte parle d'un créancier inscrit pour un capital, de rang d'hypothèque et d'inscriptions particulières portant hypothèque à leur date. Or ces dénominations ne s'appliquent véritablement qu'à l'hypothèque et non

au privilége. Du reste, on ne peut appliquer entière-
rement ce texte sans aboutir à une contradiction. Le
vendeur prendrait inscription pour le capital de la
créance et il y aurait rétroactivité, tandis que pour
les intérêts, l'inscription ne prendrait rang qu'à sa date.
C'est inadmissible ; on ne peut ainsi scinder les effets
produits par le privilége (SIREY, 64, I, 357).

209. — II. *Quel est l'effet conservatoire de l'inscription au point de vue de sa durée ?* — L'art. 2154 indiquant la durée de l'inscription est ainsi conçu : « Les
« inscriptions conservent l'hypothèque et le privilége
« pendant dix années, à compter du jour de leur date ;
« leur effet cesse si ces inscriptions n'ont été renou-
« velées avant l'expiration de ce délai. » Cet article
résout la question : l'inscription du privilége du vendeur doit être renouvelée avant dix ans ; un avis du
Conseil d'Etat, du 22 janvier 1808, donne la même solution. Dès lors, la question semble résolue.

Cependant on a soutenu le contraire. En admettant
même, dit-on, que l'inscription d'office faite par le
conservateur soit soumise au renouvellement, le vendeur n'en conserve pas moins son privilége au moyen
de la transcription ; l'inscription d'office n'est exigée
que comme mesure complémentaire. Si elle n'a pas
été prise, les tiers n'acquièrent aucun droit par ce
défaut d'inscription ; le privilége leur est opposable,
car c'est la transcription qui le conserve (art. 2108).
Quant à l'avis du Conseil d'Etat que l'on invoque en
sens contraire, il n'a pas la portée qu'on lui donne ; il
veut dire simplement qu'au bout de dix ans le conservateur n'est pas responsable du défaut de renouvellement de l'inscription, car il ne sait pas si la créance

existe encore ou n'existe plus. Le créancier privilégié est mis aux lieu et place du conservateur des hypothèques ; c'est lui qui sera tenu, le cas échéant, de dommages-intérêts vis-à-vis des tiers s'il ne renouvelle pas son inscription, et si ceux-ci traitent dans l'ignorance de l'existence du privilége.

Pour mon compte, je crois qu'il faut donner à l'avis du Conseil d'Etat sa portée naturelle. Cet avis fait corps avec l'art. 2154. Or, l'art. 2154 fait dépendre l'efficacité de l'hypothèque du renouvellement de l'inscription dans le délai de dix années. Il est donc impossible d'admettre que l'avis du Conseil d'Etat n'a pas le même but. Du reste, le texte *in fine* nous le dit formellement : « Lorsque l'inscription a dû être faite d'office par le conservateur, elle doit être renouvelée par le créancier qui a intérêt. » On invoque cette considération que la transcription produit un effet indéfini ; la publicité qu'elle donne est toujours efficace. Je réponds à cela que la transcription ne vaut que ce que vaut l'inscription ; leurs effets sont les mêmes. Donc elle est soumise au renouvellement, conformément à l'art. 2154.

Cependant il ne faut pas tirer des conséquences exagérées de ce système. A toute époque, le privilége du vendeur peut être conservé par une inscription ; quand même dix années se seraient écoulées ou plus, en rendant public son droit par une inscription, le vendeur conserve son privilége. Il n'y a donc d'utilité à appliquer l'art. 2154 qu'autant que dans ce délai de dix ans un événement met obstacle à l'inscription ; le privilége est alors perdu.

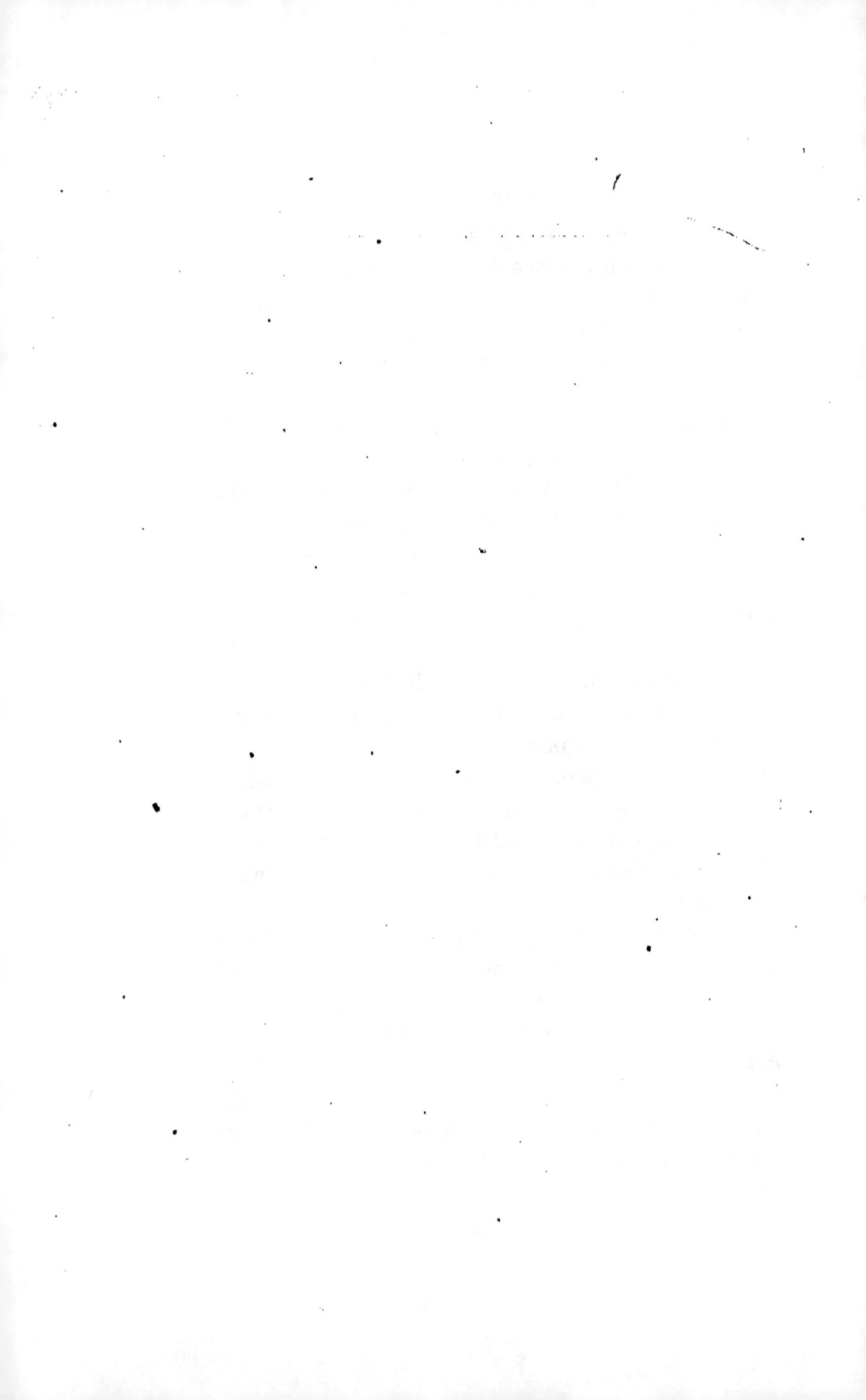

POSITIONS

DROIT ROMAIN

I. — La *lex commissoria* pouvait intervenir dans la vente comme condition suspensive.

II. — En cas de non-paiement dans le délai fixé, l'acheteur ne pouvait échapper aux conséquences du pacte commissoire en payant ou en faisant des offres ultérieurement.

III. — A l'époque classique, la plupart des jurisconsultes n'admettaient pas que la réalisation de la condition résolutoire fît revenir de plein droit la propriété entre les mains du vendeur. Cependant cette opinion fut soutenue à cette époque et finit par être consacrée législativement sous Justinien.

IV. — Le retour *ipso jure* de la propriété au vendeur par l'effet de la condition résolutoire s'opérait sans effet rétroactif.

V. — Dans le précaire accessoire à une vente, le concédant jouissait, vis-à-vis du précariste, des interdits *Uti possidetis* et *De precario.*

VI. — Les pactes et stipulations étaient impuissants

à constituer par eux seuls les servitudes en tant que droits réels.

VII. — Les pactes nus engendraient une obligation naturelle.

VIII. — A l'époque classique, le *jussus judicis* tendant à obtenir la restitution d'une chose pouvait être exécuté *manu militari*.

HISTOIRE DU DROIT

I. — Le privilége du vendeur tire son origine du précaire romain.

• DROIT CIVIL

I. — Le droit de résolution a pour fondement l'intention réciproque des parties et l'équité.

II. — Le vendeur qui produit purement et simplement à l'ordre ouvert pour la distribution du prix de revente de l'immeuble peut encore poursuivre la résolution.

III. — La cession de la créance du prix emporte cession de l'action en résolution.

IV. — Le vendeur agissant en résolution de la vente doit mettre en cause le créancier qui a acquis, dans l'intervalle de la vente à la résolution, une hypothèque sur l'immeuble du chef de l'acheteur, pour que le jugement lui soit opposable.

V. — La sommation exigée par l'art. 1656 a pour but de constater la résolution de la vente, et non de mettre l'acheteur en demeure de payer le prix.

VI. — Les créanciers de l'acquéreur ayant acquis une hypothèque judiciaire inscrite sur l'immeuble, ou ayant demandé la séparation des patrimoines et inscrit leur privilége, sont des tiers au sens de l'art. 7 de la loi du 23 mars 1855, et peuvent s'opposer, après l'extinction du privilége du vendeur, à ce que la résolution soit prononcée contre eux.

VII. — Les frais et loyaux coûts du contrat sont garantis par le privilége, si le vendeur les paie.

VIII. — Le donateur avec charges, le coéchangiste ne jouissent pas du privilége.

IX. — Le vendeur peut prendre directement inscription pour la conservation de son privilége.

X. — La faillite de l'acheteur, ou l'acceptation bénéficiaire de sa succession sont un obstacle à la publicité du privilége.

XI. — L'expiration du délai de 45 jours établi par l'art. 6, 2e al., de la loi du 23 mars 1855, fait perdre au vendeur, qui n'a pas rendu public son privilége, le droit de suite et le droit de préférence.

XII. — L'art. 2151 ne s'applique pas au privilége du vendeur.

XIII. — Le privilége du vendeur est soumis à l'application de l'art. 2154.

PROCÉDURE CIVILE

I. — La saisie immobilière transcrite ne confère pas au saisissant un droit réel sur l'immeuble.

II. — Le défaut profit-joint n'est pas applicable à la procédure des tribunaux de commerce en cas de non-comparution de l'un des défendeurs assignés.

III. — Quand il s'agit de jugements rendus à l'étranger, les tribunaux français chargés de les rendre exécutoires en France ne peuvent les réviser au fond, que dans le cas où ils ont été rendus contre des Français.

DROIT COMMERCIAL

I. — Au cas de faillite de l'acheteur d'un immeuble, la résolution de la vente pour défaut de paiement du prix ne peut être demandée par le vendeur, après l'extinction de son privilége, contre la masse des créanciers qui a fait inscrire son hypothèque, aux termes de l'art. 490, C. com.

II. — Une compagnie de chemin de fer ne peut opposer la prescription de l'art. 105 du Code de com. à une action en répétition de l'indû.

DROIT ADMINISTRATIF

I. — Les cours d'eau non navigables et non flottables sont des choses communes.

II. — La loi du 23 mars 1855, qui a abrogé l'art. 834 du Code de procédure civile n'a pas dérogé à l'art. 17 de la loi du 3 mai 1841 sur l'expropriation pour cause d'utilité publique.

DROIT PÉNAL

I. — Un voyageur qui emprunte à d'autres voyageurs leur billet afin de ne pas payer d'excédant pour le transport de ses bagages ne commet ni une escroquerie, ni un vol simple, ni une contravention à la police des chemins de fer. La Compagnie n'a contre lui qu'une action civile en dommages-intérêts.

II. — Au cas de banqueroute d'un commerçant, la déclaration préalable de la faillite est une question préjudicielle à l'exercice de l'action publique.

Vu :

Le Président de la Thèse,
Doyen intérimaire,
Chevalier de la Légion d'honneur,

VILLEQUEZ.

PERMIS D'IMPRIMER :

Pour le Recteur en congé,
L'Inspecteur d'Académie délégué,
DUMAS.

TABLE DES MATIÈRES

Droit civil moderne

Dijon, imp. Carré

www.ingramcontent.com/pod-product-compliance
Lightning Source LLC
Chambersburg PA
CBHW060535210326
41519CB00014B/3230